绿色金融可持续发展研究

江朦朦 著

吉林出版集团股份有限公司
全国百佳图书出版单位

图书在版编目（CIP）数据

绿色金融可持续发展研究 / 江朦朦著. -- 长春：吉林出版集团股份有限公司，2022.6
ISBN 978-7-5731-1567-6

Ⅰ.①绿… Ⅱ.①江… Ⅲ.①金融业-绿色经济-可持续性发展-研究-中国 Ⅳ.①F832

中国版本图书馆CIP数据核字(2022)第091728号

LÜSE JINRONG KE CHIXU FAZHAN YANJIU

绿色金融可持续发展研究

著　　者	江朦朦
责任编辑	杨　爽
装帧设计	优盛文化

出　　版	吉林出版集团股份有限公司
发　　行	吉林出版集团社科图书有限公司
地　　址	吉林省长春市南关区福祉大路5788号　邮编：130118
印　　刷	长春新华印刷集团有限公司
电　　话	0431-81629711（总编办）
抖 音 号	吉林出版集团社科图书有限公司 37009026326

开　　本	710 mm×1000 mm　1 / 16
印　　张	12.25
字　　数	219千
版　　次	2022年6月第1版
印　　次	2022年6月第1次印刷

书　　号	ISBN 978-7-5731-1567-6
定　　价	78.00元

如有印装质量问题，请与市场营销中心联系调换。0431-81629729

Preface 前言

1987年，联合国世界环境与发展委员会第一次提出了"可持续发展"的概念，其理念甚至可以追溯到20世纪60年代，其核心思想就是经济发展与保护资源、保护生态环境协调一致，从而令子孙后代能够享受到充分的自然资源和良好的自然环境。

"可持续发展"概念的诞生顺应了国际社会经济发展的需要以及时代的变迁：自然资源和生态环境问题日益凸显，已经向人类提出了严峻的挑战。为了应对日趋严重的环境问题和资源问题，同时随着经济全球化、科技信息化、社会知识化的不断推进和发展，国际社会经济的发展模式开始进入可持续发展综合国力的竞争时代。可以说，可持续发展综合国力是争取未来国际地位的重要基础，也是为人类发展做出重要贡献的主要标志。

在这样的国际背景和经济背景下，绿色金融成了实现可持续发展综合国力的重要经济推手之一。进入21世纪，随着工业化进程和城镇化进程的快速推进，中国经济已经进入经济结构调整和发展方式变革的关键时期，对金融的需求变得日益强劲，这一现状令绿色金融成了中国金融界发展的新潮流和新趋势。

进入21世纪以来，环境保护工作开始正式受到政府重视，与绿色金融相关的各种环境经济政策也开始陆续提出。2015年，中共十八届五中全会提出了"创新、协调、绿色、开放、共享"五大发展理念，绿色发展正式成为中国经济持续发展的战略目标，"一带一路""十三五"规划等均对绿色金融体系的建设和发展提出了目标及期望，自此构建绿色金融体系成为中国社会各界关注的焦点，绿色金融开始在中国市场快速成长。

2021年，中国经济社会发展正式进入"十四五"规划期，经过多年的积累，中国绿色金融在政策支持、体制建设、产品创新、市场完善、业务发展等各方面都得到了迅猛的发展：中国绿色信贷余额到2020年6月已超过11万亿元，位列世界第一；绿色债券自2015年首发至2020年末，总累积发行规模已经超过1.4万亿元，位列世界第二；2020年9月，习近平同志在联合国大会宣布中国要力争于2030年前实现二氧化碳排放达到峰值，努力争取2060年前实现碳中和；2021年2月，国务院发布了《国务院关于加快建立健全绿色低碳循环发展经济体系的指导意见》，明确提出了绿色低碳经济体系的发展方向和建设目标，即到2025年形成初步的绿色低碳循环发展经济体系，到2035年全国普遍形成绿色生产生活方式并推动碳排放逐步下降。

不论是整个经济发展政策体系还是各部委发布的各种环保类政策文件，都在助推绿色金融快速发展。本书以绿色金融的可持续发展为研究方向，分为绿色金融阐述、多元化的绿色金融产品、绿色金融发展的重点领域、国际绿色金融发展的分析与借鉴、多角度下的绿色金融可持续发展、绿色金融可持续发展的机制构建六章内容，对绿色金融的理论、产品、领域、可持续发展模式等方面进行了对应的阐述，提出了中国绿色金融发展的问题，并探究了新的发展路径。因时间和精力有限，内容中难免存在不足之处，恳请广大读者和专家、学者予以指正。

Contents 目 录

第一章　绿色金融阐述

- 第一节　绿色金融的概念与内涵 ………………………… 001
- 第二节　绿色金融的理论基础 …………………………… 008
- 第三节　发展绿色金融的重要性 ………………………… 015
- 第四节　绿色金融主要的参与机构 ……………………… 023
- 第五节　绿色金融的比较分析 …………………………… 036

第二章　多元化的绿色金融产品

- 第一节　绿色信贷的发展 ………………………………… 042
- 第二节　绿色债券的发展 ………………………………… 050
- 第三节　绿色基金的发展 ………………………………… 058
- 第四节　绿色保险的发展 ………………………………… 063
- 第五节　碳金融的发展 …………………………………… 071

第三章　绿色金融发展的重点领域

- 第一节　大气治理行业 …………………………………… 079
- 第二节　水资源行业 ……………………………………… 086
- 第三节　资源循环利用行业 ……………………………… 095
- 第四节　新能源及清洁能源行业 ………………………… 102

第四章 国际绿色金融发展的分析与借鉴

第一节 国际绿色金融的发展与演进 ……………………… 108

第二节 国际绿色金融的范围解读 ………………………… 113

第三节 国际绿色金融发展的案例剖析 …………………… 118

第四节 国际绿色金融发展的启示与借鉴 ………………… 129

第五章 多角度下的绿色金融可持续发展

第一节 基于政府角度的绿色金融可持续发展 …………… 134

第二节 基于企业角度的绿色金融可持续发展 …………… 147

第三节 基于金融机构角度的绿色金融可持续发展 ……… 151

第四节 基于消费者角度的绿色金融可持续发展 ………… 155

第六章 绿色金融可持续发展的机制构建

第一节 完善绿色金融发展的金融政策 …………………… 160

第二节 完善绿色金融发展的法律制度 …………………… 169

第三节 完善绿色金融发展的基础设施 …………………… 174

第四节 完善绿色金融发展的监管制度 …………………… 180

参考文献 ………………………………………………………… 185

第一章 绿色金融阐述

第一节 绿色金融的概念与内涵

自18世纪工业革命以来,工业文明的快速发展带给人类极大的物质财富和经济跃升,但也带给整个社会一系列负面影响,包括资源耗竭、环境污染、生态破坏等,在一定程度上工业革命带来的高速经济增长与严峻的环境污染之间出现了激烈的矛盾,促使人类对传统的经济发展模式进行反思。在这样的反思之中,绿色金融逐渐成为世界各国关注的焦点。但对于绿色金融(可持续金融、环境金融、低碳金融、生态金融),国际上尚未形成一个被广泛采纳和统一认识的概念。

一、绿色金融的概念

(一)未统一的绿色金融概念

国际上之所以无法对绿色金融的概念形成统一认识,很大程度上是因为不同国家工业化进程的不均衡。

比如,以英国、美国为主的发达国家已经完成了工业化进程,在为绿色金融进行定义时,其更加关注气候和环境,并将未来的气候变化和相应的技术调整作为金融机构的风险因素。《美国传统词典》中指出环境金融属于环境经济的一部分,研究的是如何使用多样性的金融工具来保护环境、保护生物多样性,即通过多样化的金融工具来解决普遍存在的环境问题。[1]

对于发展中国家而言,绿色金融的定义更加偏向通过金融业务的运作体现

---

[1] 张平:《绿色金融的内涵、作用机理和实践浅析》,硕士学位论文,西南财经大学,2013,第5页。

可持续发展战略的观念，包括是否运用清洁能源、是否能够降低能耗、是否低碳环保等。央行等七部委联合在2016年提出，绿色金融是指为支持环境改善、应对气候变化和资源节约高效利用的经济活动，即对环保、节能、清洁能源、绿色交通、绿色建筑等领域的项目投融资、项目运营、风险管理等所提供的金融服务。

一般情况下，仅从定义和概念方面难以看出发达国家和发展中国家对绿色金融的理解有哪些不同。以能源运用为例，国际气候和环境研究中心（总部设立在挪威奥斯陆）为发行绿色债券提供评估意见时，将所有对化石能源（石油、煤、天然气等）的投资都划定为非绿色金融，而中国等发展中国家进行评估时，会将所有能够节约化石能源使用量、降低单位能耗的投资划定为绿色金融。比如，中国将高铁债券划定为绿色债券，但发达国家并不认同。[①]

从这个角度看，在对绿色金融定义时，因为发达国家已经完成了工业化进程，工业化发展早期非常容易出现的环境污染问题已经属于过去时，甚至有些已经基本解决，所以在评估投资是否属于绿色金融时，往往不会考虑防污染和治理污染的作用。但是，在中国等发展中国家，只要是能够防污染和治理污染的投资项目，都会被纳入绿色金融范畴，因为发展中国家如今依旧在完善自身的工业化发展进程。

（二）绿色金融的缘起及发展背景

1.不断被破坏的自然环境背景

纵观人类发展史会发现，人类是依托地球的自然环境才得以生存和壮大的，人与自然之间的关系演变更是一个漫长的历史过程，总共经历了三个历史阶段。

第一个阶段是在人类科技水平和生产能力较低时，人的一切活动都会受到自然的控制和影响，因此中国自古以来就有"天公不作美"的感慨。在此阶段，人类是被动的，受自然环境的裹挟。

第二个阶段是在人类的科技水平和生产能力得到大幅提升后，人类开始试图成为自然界的主宰，于是为了摆脱自然的制约开始无度地向自然界索取各种资源以完善自身，也开始深入认识自然以便改造和利用自然，这种做法造成了自然界被大幅度破坏，影响了人类自身生存和持续发展的环境基础。[②]在这一阶段，人类与自然界的矛盾愈发明显，但这一阶段也是人类的发展黄金期。

---

① 蔡森：《我国绿色金融创新发展策略研究》，九州出版社，2018，第3-4页。
② 林红梅：《绿色发展理念与实现路径》，中国大地出版社，2019，第1页。

第三个阶段是随着对自然的认识的不断加深，人类开始意识到自然界和自身并无核心矛盾，彼此应该成为朋友。人类不仅需要改造自然，还需要保护自然，并促使自然界成为可持续发展的核心环境基础。

自18世纪60年代工业革命开始，人类与自然的关系就步入了第二阶段，并一直维持至今。尤其是在第二次世界大战之后，虽然世界各国的经济制度、政治模式和经济体制以及经济发展水平有所不同，但拥有同一类倾向，即将经济增长和经济发展视为一体，并将国内生产总值的增加和实现工业化社会当成国家经济发展的最主要内容。这种战略虽然推动了世界各国经济增长率的快速提升，但工业化进程的飞速发展也带来了全球环境危机，主要包括环境污染和生态破坏等。环境污染包括水污染、土壤污染、空气污染、海洋污染，以及因为环境污染所衍生出的环境效应，包括温室效应、酸雨、臭氧层破坏等；生态破坏则主要包括水土流失、森林和草原植被破坏乃至退化、土地沙化和盐碱化、物种灭绝、生态链破坏等。

如今，世界进入发展的十字路口，现有的发展模式已难以维系人类的生存和快速提升，自然环境也因经历了人类数百年的无度索取和破坏而变得千疮百孔，整个世界都在寻找新的人类发展模式。

中国作为发展中国家，正处于快速工业化和快速城镇化的发展进程中，尤其是改革开放以来，中国已经从贫困落后的状态一跃成为全球第二大经济体，人民的生活已经发生了翻天覆地的变化。但是，这种经济快速增长的模式对自然的影响同样极为深远，包括高碳排放、高资源消耗、环境破坏、污染严重等。这些自然问题同样对国民的发展和生存产生了影响，如空气污染严重的雾霾天气、安全问题频发的食品问题、重金属和农药积累造成的土壤污染问题、无尽利用造成的水污染和水资源缺失问题等。凡此种种，不仅严重威胁着国民的身体健康安全，还倒逼中国审视当前的发展模式。

对于环境的污染和破坏对经济造成的间接损失，早在2004年中国就已经开始重视，当时中国环保总局和国家统计局进行研究后在统计报告《中国绿色国民经济核算研究报告》一文中指出，各种环境污染对中国经济造成的间接损失相当于2004年国民生产总值的3%。2013年，亚洲开发银行和清华大学再次对环境污染对中国经济造成的间接损失进行深入研究，统计发现仅空气污染对中国经济造成的损失就占到了中国2013年国民生产总值的1.2%。2016年，根据世界银行的研究数据分析，环境污染对中国经济造成的损失达到2016年国民生产总值的 9%。[1]

2015年，中共十八届五中全会提出了五大发展理念，其一就是绿色发展，即大力发展环境友好型产业，通过节能减排的技术措施实现经济发展与自然和谐共生的经济发展理念。在党十九大报告中，习近平同志指出："加快建立绿色生产和消费的法律制度和政策导向，建立健全绿色低碳循环发展的经济体系。"这意味着绿色发展已经成为中国经济发展中非常重要且关键的一环。绿色金融则是随着绿色发展的提出应运而生，对于中国而言更是金融业的一次重大变革。

2. 绿色金融的缘起

1972年，在瑞典斯德哥尔摩举办的第一届联合国人类环境会议上，对可持续发展概念进行了正式讨论，最终会议通过了《联合国人类环境会议宣言》，并确认了全球环境保护的七点共同看法和二十六项具体原则。

1974年，联邦德国成立第一家政策性环保银行：生态银行，主要为普通银行不愿接受的环境项目提供贷款优惠和服务。

1987年，世界环境与发展委员会（WCED）在《我们共同的未来》报告中提出了可持续发展战略，战略中将可持续发展定义为"在满足当代人需要和发展的同时，不损害人类后代满足其自身需要和发展的能力"。

1991年，波兰也建立了环保银行，重点支持能够促进环境保护的项目。

1992年，在联合国环境与发展会议上制定并通过了《21世纪议程》，正式提出全球可持续发展的计划。从这份计划可以看出，人类已经开始意识到粗放式经济促进之下所带来的潜在危害，即高速提升的经济水平背后是对自然环境的极大破坏，由此才确立了可持续发展意识，开始正式倡导绿色文明，并开始督促全球各国在政策和舆论上引导经济发展向绿色产业和低碳产业倾斜，绿色消费观念也开始逐步向民众进行灌输和普及。

1997年，日本京都举行的联合国气候变化大会上，通过了《京都议定书》，其中确认了三种减少温室气体排放的市场机制，一是国际排放贸易机制，二是联合履行机制，三是清洁发展机制。此三种市场机制的诞生促成了碳排放权交易（由环境部门根据环境容量制定逐年下降的碳排放总量控制目标，并将碳排放总量目标通过一定的方式分解为若干碳排放配额分配给各区域，碳排放配额被允许像商品那样在市场上进行买卖来调剂余缺[2]）市场的产生。

---

[1] 牛淑珍、齐安甜：《绿色金融》，上海远东出版社，2019，第4页。
[2] 郝海青：《欧美碳排放权交易法律制度研究》，中国海洋大学出版社，2011，第3页。

2001年，世界银行发布了名为《环境可持续性承诺：世界银行环境战略》的报告，正式提出金融行业运营的基本目标应该是促进经济的发展、贫困的减少，同时加入了环境的改善。

2002年，世界银行下属的国际金融公司联合荷兰银行等多家知名银行召开会议，提出了关于企业和社会的环境责任的基本原则（赤道原则雏形）。

2003年，包括花旗银行在内的十家国际性银行与国际金融公司共同发起并建立了"赤道原则"，该原则要求金融机构在进行项目投资时，不仅要对项目可行性和回报率进行评估，还要综合评估该项目会对环境产生的影响，并鼓励金融机构利用金融工具推动社会的协调发展以及对环境的保护，强调企业发展、社会发展与环境保护及发展目标的统一性。此原则是商业银行以自愿为原则，开始在项目融资方面考虑环境因素和社会问题的国际金融行业基准，为项目融资过程中的生态环境评估提供了具体的框架，是企业社会责任的体现。

赤道原则的提出和发布引起了世界各国的高度重视，自此之后金融和环境之间的关系越来越密切，以赤道原则为基准的绿色金融制度开始在全球推广和普及。现如今，赤道原则已经成为国际项目融资的一个新标准，全球共有60多家金融机构宣布采纳赤道原则并以此进行金融推广。

2009年，丹麦召开了哥本哈根气候大会，在会议上商讨了《京都议定书》承诺到期后的后续方案，并为应对未来全球气候变化签署了新的协议。此次会议并未对节能减排达成一致意见，但在加强环境保护并促进人类与生态环境和谐共处方面达成了共识。

中国在2007年正式将绿色金融提上了经济发展的议程。2007年7月，央行、中华人民共和国生态环境部（原为环境保护部）以及中国银行保险监督管理委员会（以下简称为"银保监会"）等组织联合发布了《关于落实环保政策法规防范信贷风险的意见》，其中明确要求银行对节能减排不力的企业进行信贷调控。之后又颁布了《节能减排授信工作指导意见》，正式指导绿色信贷活动的开展。

2008年，《关于环境污染责任保险工作的指导意见》《关于加强上市公司环境保护监督管理工作的指导意见》等均推出了各种绿色金融手段，包括绿色保险、绿色证券、绿色信贷等。

在2016年的G20峰会上，中国作为主办方首次将绿色金融纳入国际讨论的重要议题中，越来越多的国家开始关注并发展绿色金融，将绿色金融的发展推向了一个新高度。

二、绿色金融的内涵

（一）绿色金融的内涵分析

前面已经说过，绿色金融的概念并未在全球范围内达成一致，其内涵同样如此，不同国家和不同发展阶段的社会对绿色金融的内涵理解有所不同。

从发达国家的认知角度看，绿色金融的内涵同样会因为关注点的不同而产生不同的理解。比如，有观点认为绿色金融属于一种创新型金融，其连接了环境和金融两个产业，能够达到以市场为研究基础，降低环境风险、保护自然环境、提高环境质量的最终效果；有观点则认为绿色金融是横跨绿色经济可持续发展理论和金融学理论的交叉学科，其不仅是环境可持续发展的需求，还是金融机构实现可持续发展的需求。

从发展中国家的代表——中国的认知角度看，绿色金融的内涵也有四类不同的理解。其一，绿色金融的核心是绿色信贷，即金融业在贷款政策、对象、条件、种类、方式、投量、期限、利率等多个方面对绿色项目给予优惠倾斜政策；其二，绿色金融的核心是实现可持续发展，即通过绿色金融这种金融运营战略来贯彻环境保护的基本国策，借助金融业务的运行来实现可持续发展的目标，并达成经济与环境的协调发展；其三，绿色金融的核心是金融工具的开发运用，即挖掘绿色金融业务手段来推动环境经济政策和资本市场运作；其四，绿色金融的核心是宏观调控，目的是以生态建设为导向并遵循市场经济规律，运用绿色金融手段以及衍生工具来实现生态环境与经济社会的协调发展，最终实现可持续发展。[①]

不同国家的学者在不同的视角对绿色金融的内涵进行了界定和理解，虽然侧重点有很大不同，但综合以上观点可以发现，所有观点都支持通过金融业务运作来实现自然环境和社会经济的可持续发展的内涵。当然，从绿色金融涉及的内容分析，现如今对绿色金融的内涵理解还具有一定的局限性，或单独从金融业运作出发分析，或基于政府宏观调控出发分析，或基于可持续发展出发分析，都难以全面涵盖绿色金融的所有范畴。绿色金融的先进性不仅能将社会环境、社会效益、经济效益、国家发展综合到一起，以实现生态环境、企业、金融机构和国家的和谐共存良性发展的目标，还能够通过环境保护因素纳入评价体系和绩效审计之中，促进绿色金融产品的创新，最终达成多方共赢的结果。

---

① 张丽：《我国绿色金融发展的经济与环境效应研究》，硕士学位论文，中国矿业大学，2019，第32页。

（二）绿色金融的发展模式

工业化进程的不同程度使绿色金融并未形成统一的概念和内涵，也使绿色金融的发展模式有所不同。发达国家的绿色金融发展更注重市场化机制，通常是依靠市场本身的力量来推动绿色金融发展，如依靠保险公司、养老基金等机构，投资者通过行使股东权利对不符合绿色金融发展理念的公司或项目施加影响。发展中国家则更多地需要依靠政府管理或金融监管来引导更多的金融机构去支持绿色金融和可持续发展。

1. 绿色金融发展模式的融合

以上两种绿色金融的发展模式并无优劣之分，尤其从长期效用看，两者只存在现状契合程度的差异，而且随着发展中国家经济的快速发展和发达国家推动绿色金融的深入，两种发展模式开始呈现融合的迹象。比如，随着绿色金融的推动，发达国家认识到完全依靠市场机制的自发调整根本无法改变绿色金融市场可持续发展的影响力偏低的问题，只有通过政府和市场的双轨推动，才可促进绿色金融的快速发展。

同时，中国、巴西等发展中国家的新兴市场开始对政府行政干预的科学性提出相关质疑，毕竟政府并不直接参与市场运作，完全依靠政府力量推动绿色金融的市场运作必定有所不足，只有政府通过激励手段和引导方法将市场意愿和市场作用发挥出来，创造良好的政策环境，发挥监督和引导的作用，才能促成绿色金融的快速发展。

2. 发展中国家绿色金融发展模式的优化

发展中国家既然发现了绿色金融发展模式的弊端和问题，就应该对应地进行优化和完善，政府可以从以下几个方面发挥作用：

一是从政策条文方面明确绿色金融所指代的"绿色"的标准、原则、框架、评判、规范等，逐步完善绿色金融发展的范本。另外，可以颁布各种金融政策支持和引导绿色金融的发展，但需要针对不同行业的特点区别对待，如对保险行业可以通过强化保险企业的环境风险控制来引导绿色保险的发展，对银行可以通过颁布监管政策和信贷政策来促进绿色信贷的发展。

二是完善绿色金融发展的体系建设。首先，界定有关绿色投资的计量问题，包括排污权、碳排放权的产权界定问题，环保项目投资产生的效益收费标准等，并将绿色项目和污染项目的外部显性影响进行公示或普及，从市场层面激励绿色金融的发展；其次，加强对绿色金融的宣传教育，在此过程中加强与发达国家相关机构的合作，着重培养绿色金融创新人才和环境风险评估人才；

最后，充分发挥中介组织的广泛影响力，引导现有的专业服务机构，包括咨询公司、数据服务公司、律师事务所、资产评估企业、信用评级公司等开展绿色金融相关项目和业务。

三是强化政府的监管约束力。可以在金融监管部门间建立有效的跨部门协调和信息共享机制，以加快促进绿色金融理念在监管部门的推行，并加重政绩评估中环境因素的权重，以确保地方政府大力推进绿色金融，引导地方政府培养金融机构的环境风险意识，如要求上市企业或金融机构提交可持续发展报告和环境风险报告等。

四是充分发挥政府部门的财政性引导力，通过财政性措施推进绿色金融的发展，如要求国有金融机构尝试更多地开发绿色金融产品和销售绿色金融产品；要求政策性的金融机构发挥自身的带头作用，在绿色信贷和绿色保险等领域加重投入。另外，政府部门在自身发展过程中也要有意识地选择绿色金融产品，或选择秉持绿色发展理念或可持续发展理念的企业的产品，从行动上对绿色金融的发展提供支持；在进行对外援助时，政府要强化绿色投资的标准，以推动绿色金融的发展。

第二节 绿色金融的理论基础

绿色金融可以从广义和狭义两个方面进行划分，广义的绿色金融对应的是整个金融系统，而狭义的绿色金融对应的是对生态公共物品和服务的融投资项目。以下分别从广义、狭义以及整体三个层面分析绿色金融的理论基础。

一、广义绿色金融的理论基础

广义绿色金融针对的是整个金融系统，其理论基础源于可持续发展经济学，即以可持续发展为核心诉求的经济学理论。经济学的核心是资源配置，最终的目标是实现制度、技术、经济增长之间的良性互动。

（一）可持续发展经济学理论

传统经济学思维中资源的稀缺一直是相对的，所以通过制度创新、新技术开发等总能够解决资源相对稀缺带来的经济增长困境。而可持续发展经济学研究的核心问题是在保障自然资源和环境容量的基础上实现代际间的有效配置，从而令人类可以持续繁衍生存下去。

可持续发展经济学诞生初期，经济学家探讨的主要议题是自然资源和环境容量的稀缺到底是相对的还是刚性的或者绝对的。如果自然资源和环境容量的稀缺是相对的，那么当代人就不用考虑后代的发展，但现实并非如此。经济学家通过研究发现，自然资源和环境容量的稀缺并非相对的，而是有刚性供给的边界和阈值的。

最早对自然资源和环境容量的刚性稀缺进行完整论述的是美国著名经济学家肯尼思·艾瓦特·博尔丁（Kenneth Ewart Boulding），其于1966年提出的宇宙飞船经济理论将地球视为人类赖以生存的唯一生态系统，认为地球生态环境承载人口的能力、自然资源的总量、接受和消纳废弃物的环境容量都是有限的，具有很强的刚性稀缺特征，若人类不受限制地使用这些自然资源和环境容量，其生存将无法持续。

虽然人类可以通过技术革新寻求地球稀缺资源的替代品来实现经济增长，但如果人类开发的自然资源越来越多，那么地球潜在可开发的自然资源就会越来越少，这些资源在如今的时代可能是相对稀缺的，且地球上可供开发的自然资源总量终究有限，若将地球资源的有限性考虑在内，则会发现地球资源和环境容量的总量是绝对稀缺的，一旦当代人类过量开发这些资源，人类的后代就会因为缺乏自然资源和环境容量而陷入无法持续生存和繁衍的困境。

在此背景之下，可持续发展经济学开始迅速发展并完善，同时推动了绿色金融的诞生和发展。也就是说，人类在对自然资源和环境容量进行资源配置时，最优的标准发生了变化，其不仅要求当代静态的资源配置达到最优，还需要考虑未来，即动态的资源配置也要达到最优，这样才能既保障当代的生存福利，又保障后代的生存福利。

（二）广义绿色金融理论的发展方向

金融手段是宏观经济的主要调控方式之一，从国家范围看，就是通过货币信贷政策等来实现资源在宏观层面的优化配置，若以传统经济学思维判断资源优化配置，则会发现判断结果通常是静态的，是以时间为区间的点状集合。

绿色金融的诞生是建立在经济学家对自然资源和环境容量的刚性稀缺认知之上的，如果将这个认知代入金融体系中，便会发现金融手段支持的最优资源配置需要实现跨代际判断，即绿色金融的资源配置判断是一个具有较长时间区间的动态分析过程。从经济学理论角度看，绿色金融就是为了依托恰当的货币信贷政策引导，帮助国家乃至全球实现自然资源和环境容量在代际间的最优配置。

经济学家忧虑自然资源和环境容量会在人类后代出现刚性稀缺时，民众已经开始经历这种刚性稀缺带来的困境和问题，而且这种困境和问题随着全球各国工业化进程的快速推进而愈加凸显。紧迫的现实问题加重了绿色金融的发展任务，绿色金融不仅需要考虑资源配置的问题，还要承担治理环境、尝试用绿色手段恢复自然资源储量和提高环境容量的艰巨任务。从这个角度看，未来金融业的发展方向只能是绿色金融，金融系统必须实现全面绿色化，所有经济学理论的核心都必须以最有效配置和运用自然资源、环境容量为基本前提。

二、狭义绿色金融的理论基础

广义绿色金融针对的是整个金融系统，狭义绿色金融则是将目标集中在公共物品和公共服务层面，其理论基础是新公共金融——一个依旧在不断发展、完善的学科。

（一）灯塔理论

公共金融最核心的内容就是寻找为公共物品和公共服务融资的手段，因为公共物品和公共服务的非排他性和非竞争性致使其根本无法通过传统的金融手段完成市场供给，只能依托政府财政支撑，政府则需要通过征税为公共物品和公共服务融资，然后通过财政手段为其投资。

后来，公共物品和公共服务只能靠政府财政供给的论调被灯塔理论打破。人类发展航海技术之后，灯塔作为保证航运安全的重要手段，完全由领港公会负责建造，但领港公会根本没有足够的资金打造足够的灯塔，私营投资者虽然期望投资，但苦于无法找到合适的收费机制和标准，所以无法保障回报。从这里可以看出，灯塔作为公共物品和公共服务，扩大投资规模和民营化转换的关键就是合理的收费机制。

最后，隶属政府的港口找到了解决方案。港口根据船只的大小及其航运过程中经过的灯塔收费，不同的航程会收取不同的灯塔费用，并通过政策规划使收费机制正规化。收取的灯塔费用会转给灯塔建设运营商（私营投资者），以作为他们的投资回报和维护回报。

自此，作为公共物品的灯塔完成了从政府财政向金融融资、市场供给的转化，这就是所谓的灯塔理论。但其中有极大的不足，即灯塔属于公共物品，即使由市场供给也具有对政府的严重依赖，若灯塔的市场化供给中没有政府代表帮助私人投资者向船只收费，灯塔的市场化供给就无法实现。

（二）充分发挥政府的关键作用

在公共物品和公共服务的市场化过程中，政府的作用极为关键，这主要是由于受益人群是广泛民众且不可分割。从这一点看，公共物品和公共服务天然就具备强垄断特征。

以污水处理为例，污水处理属于公共服务中很重要的治理污染、保护自然资源的手段，其建设和运营必须通过政府统筹，如颁发特许经营许可证等。若企业被授予特许经营权，政府就需要维系企业在该地区污水处理的垄断地位，不能允许其他企业进入其中竞争，否则不仅污水处理厂的运营会受到极大阻挠，还会出现极大的资源浪费。

之所以如此，有两方面原因：一是污水处理的基础设施涉及千家万户，如污水收集管网需要极具规划性地铺设在人口聚集区地下，若有多个企业竞争，很容易出现管网密集却缺乏规划和管理的问题；二是污水处理厂为广泛人群服务，因此其基础设施建设和运营的资金都来自排放污水的家庭个人和企业缴纳的污水处理费，其设计规模通常由区域污水产生量决定，一旦出现竞争，污水产生量就会被分摊，从而造成设施和处理设备闲置，产生极大的资源浪费，致使企业遭受亏损。绝大多数公共物品和公共服务在建设和运营中都具有天然垄断的特性，因此市场竞争也主要体现在获取特许经营权的招投标竞争上。[1]

从公共物品和公共服务的天然市场特性而言，政府需要进行更严格的监管和更深入的参与，毕竟无政府参与，私营投资者就无法完成收费，也就无法获取投资回报；无政府监管，也就无法实现垄断经营，从而导致市场混乱、企业经营失败，甚至无法保证服务质量和价格公平性。

（三）新公共金融

新公共金融就是在灯塔理论的基础上切入政府参与和监管的公共物品和公共服务市场化发展模式。新公共金融的现实发展已经突破了单纯的财政税收和支出的投融资形式，开始走向多元化发展模式，即公共物品和公共服务的融资由政府财政和金融机构共同承担，政府在其中担任政策制定和监管的作用，金融机构则担任确保融资能够实现绿色发展需求的作用。

新公共金融的主要模式是公共私营合作制，即政府与私营企业以特许权协议为基础，为提供某种公共物品和公共服务形成一种合作关系，并通过签署合

---

[1] 马中、周月秋、王文：《中国绿色金融发展报告 2017 版》，中国金融出版社，2018，第10页。

同来明确彼此的权利和义务，最终令合作各方达到多赢结果。目前的新公共金融虽然融入了私营企业，但主体框架依旧是政府财政税收和支出，其主要的努力方向就是将政府财政税收和支出模型进行扩展，充分发挥金融体系在其中的重要作用。之所以以此为努力方向，是因为金融供给公共物品有三方面优势，一是资金的使用效率更高，二是融资可获资金量更大，三是能够提高付费者的针对性，从而更有效地筹集资金。绿色金融是公共物品和公共服务供给中的一个重要组成部分，因此其同样需要依托新公共金融来构建完善的绿色金融理论体系。

三、绿色金融的经济学基础

绿色金融是一个十分复杂的经济发展体系，属于一个较为新生的概念，尚未形成完备的理论体系，但其遵循的理论依旧是经济学基础。

（一）外部性理论

外部性理论是有关经济效益的理论，该理论认为市场各类行为并非独立存在而是相互影响的，当参与市场活动的一个主体，如个人或企业的市场行为（消费或生产等）对另一个主体的经济效益产生影响，就会产生外部性。外部性可分为正外部性和负外部性，正外部性代表他人能够从中获益，负外部性则代表他人利益受到损害。

比如，环境污染的行为就是典型的负外部性行为，不论是化石燃料燃烧还是工业有害气体排放，都会对生态环境造成污染和负面影响，即会直接或间接对他人乃至公共利益造成损失。

绿色金融的发展和运作原理就是通过提升产生负外部性的行为的成本（如贷款高税惩罚等），激励或补贴产生正外部性的行为（如清洁能源使用、绿色管理、绿色产品研发等），引起企业对负外部性行为提高关注，最终做出对社会和环境友好的行为决策。

（二）公共物品理论

公共物品理论的基础是排他性理论和竞争性理论。一般情况下，若一类物品能够借助付费手段来有效限制消费者对其的消费，那么这类物品就具有排他性；对于受到消费者厌恶的物品来说，若能够通过补偿手段等有效激发消费者对其的消费，则这类物品就具有非排他性。

最直白的例子就是空气污染和水污染行为，其具有非常明显的非排他性，因为很难通过价格机制限制其供给。若能够将污染物由非排他性物品转化为排他性物品，就能够通过价格机制来控制污染物排放，从而达到降低污染的目的。比如，建立排放权的市场化交易机制，就能令汽车尾气污染具备排他性，通过排放权归属确定、排放权配额分配、排放权总量限制、排放权交易市场建立等工作促使市场中的汽车生产企业产出配额之外的排污权时支付对应的高昂成本，这就将排放权纳入了价格机制中，可以通过市场价格对排放规模进行调节，从而完成汽车尾气污染行为从非排他性向排他性的转变。

一般情况下，如果对一类物品的消费行为令此类物品的可使用数量出现减少，从而影响其他消费者的使用，那么这类物品就具有竞争性。若一类物品的消费行为不会减少其他消费者的可使用数量，则这类物品就不具备竞争性。从此角度看，所有总量属于固定的物品都具备竞争性，如土地资源、海洋资源、化石能源等。

绿色金融就是通过开源节流的方式应对这些公共资源的竞争性挑战的，如通过绿色基金、绿色信贷、绿色债券等为可替代能源开发或新能源开发项目提供资金支持，从而实现开源目标；通过提升高污染高能耗企业或产业的贷款利率等遏制这类行为的继续，再通过加强资本对高效能产业的投入力度引导社会资本大量涌入低排放低污染产业，从而提高资源利用率，实现节流目标。

所有物品根据排他性和竞争性可以分成三类，一类是同时具备非排他性和非竞争性的物品，主要为纯公共物品，如空气、气候、生态环境、国防等；一类是具有不完全非排他性和非竞争性的物品，主要为准公共物品，如森林、土地、渔业、矿石能源和资源等；一类是同时具有排他性和竞争性的物品，主要为私人物品。

绝大多数与环保和绿色相关的自然资源都属于公共物品，如果不加以外部引导和遏制，很容易出现对自然资源的无节制利用和对环境的过度污染。绿色金融的作用机制和最终目标就是通过金融手段来实现资本配置的有效调节，引导资本向各种绿色发展领域倾斜，如节能减排、污染防治、生物多样性保护、气候变化应对、清洁交通、可再生能源、可持续自然资源管理等，从而使社会资本对绿色发展领域进行有效支持，最终对实现全人类可持续发展产生积极的促进作用。

（三）排污权交易理论

对于任何企业来说，若其生产运营行为会对环境造成污染，且企业需要对污染负责时，进行污染治理必然需要支付一定的成本，这无疑会为企业增加经济负担，从而和企业追逐利益最大化的目的产生冲突。从企业的角度看，与其造成污染后花费巨大成本进行治理，不如通过减少污染排放来避免污染治理。

1960年，罗纳德·科斯（Ronald Coase）提出了社会成本问题，为减少污染物排放、保护环境提供了一个全新的思路。随后，托马斯·克罗克（Thomas Crocker）以及约翰·戴尔斯（John Dales）分别独立提出可以创建可交易的污染物排放权（简称为污染权）来应对污染物治理的压力，如政府可以通过控制污染物产权的配额总量来有效控制污染水平，正式明确了污染权的概念。不同的是，克罗克是针对空气污染研究提出的污染权，戴尔斯则是针对水污染研究提出的污染权。污染权概念的提出奠定了排污权交易的理论基础。

1972年，蒙哥马利（Montgomery）运用数理经济学方法证明排污权交易体系具有污染控制的效率成本，为排污权交易市场的建立提供了理论基础。之后，美国环保局开始尝试将排污权交易用于大气污染和水污染管理，并逐步建立了较为完善的排污权交易政策体系，包括碳排放权交易、硫排放权交易、水污染物排放权交易等。

20世纪90年代后，迈克尔·波特（Michael E.Porter）从动态角度出发提出了著名的"波特假说"理论，波特认为合适且恰当的环境规制，能够激发企业的"创新补偿效应"，从而可以弥补环境规制所产生的"费用成本效应"，最终能够让受到规制的企业受益。以碳排放权交易市场为例，其市场结构和金融市场极为相似，同样划分为一级市场和二级市场，其中一级市场是碳排放权的初级分配市场，主要由政府部门和权益需求者（企业等）参与，由政府确定不同区域的环境容量，以此确定碳排放权益的总额，然后无偿或有偿分配给权益需求者，可以通过免费分配、固定价格出售、拍卖以及混合分配进行初始权益分配。二级市场则是权益需求者进行平等交易的市场，也是真正意义上的排污权交易市场，市场内碳排放权的价格由市场供需主导，最终通过市场的自发交易行为实现权益的优化配置。[1]

排污权交易理论是绿色金融发展和推进的核心理论之一，其涉及的内容关乎生态环境的相关权益，通过政府的参与能够保证将污染权益配额总量控制在一定范围之内，甚至可以通过有效的管理手段逐步减少配额总量，以保证污染物的总量逐步减少，从而充分利用市场的调节机制对环境污染产生强约束作用。

---

[1] 赵峥、袁祥飞、于晓龙：《绿色发展与绿色金融——理论、政策与案例》，经济管理出版社，2017，第98页。

第三节　发展绿色金融的重要性

发展绿色金融能够实现金融机构、企业、生态环境和国家经济的良性发展，其重要性主要体现在以下几个层面。

一、促进国家经济的协调发展

绿色金融已经被纳入中国生态文明建设的纲领文件中，也首次被纳入国民经济和社会发展规划纲要文件中，这无疑为发展绿色金融提供了方向性指引，同时会对国家经济产生巨大的影响，协调国家经济的发展。

（一）利于实现市场产业优化升级

随着中国工业化进程的加快和经济的快速增长，自然环境的污染和破坏日益严重，各种污染事故的善后处理机制并不健全，同时资源浪费情况极为严重，对市场产业结构的优化升级和维持经济增长形成了极大的阻碍。绿色金融的发展有利于促进市场的产业优化，如绿色信贷政策的推出会使污染严重或对环境破坏严重的企业或项目无法得到贷款，从而切断高污染和高能耗企业或项目的命脉，优化产业结构。

1. 社会市场分析——市场失灵

从社会市场分析，绿色金融有利于纠正市场失灵和金融市场失灵。关于市场失灵，经济学理论中有一定的假定，如完全的市场机制拥有六大假设条件，分别是完全竞争市场、外部效应、规模报酬不变或递减、经济信息完全对称、理性人（当事人完全理性）和交易成本忽略不计。在这样的假定之下，依托要素投入、技术进步，以及最优市场配置可以实现经济的持续增长。

但在现实市场中，经济学理论中的假定是不存在的，市场不完全竞争、外部性问题、信息不对称等一直存在，也就是说市场资源的合理配置根本无法做到，从而出现市场失灵。其最明显的表现就是不完全竞争与垄断、外部性问题、公共资源过度使用、公共产品及服务供给不足、收入分配不公正等。

完全竞争需要在产品无差异且可替代，同时市场存在大量买卖者的基础上实现，但现实市场分工细化和需求细化使产品差异性不断提高，另受技术的进步和市场的扩大以及并购等因素的影响，最终还会产生市场垄断，而垄断出现后不仅会降低市场的竞争性,还会降低技术的进步速度。

外部性则是指私人边际成本和社会边际成本的不等特性。当私人边际成本大于社会边际成本时,就会产生正外部性;当私人边际成本小于社会边际成本时,就会产生负外部性,且在现实市场中外部性无处不在。消费领域出现正外部性会导致商品消费不足,出现负外部性则会导致商品消费过度;生产领域出现正外部性会导致商品供给不足,出现负外部性则导致商品供给过度。不论哪种情况出现,都会致使市场资源配置失衡。

公共资源指的是空气、草原、江河湖泊等,其并不具备排他性,但其资源特性具有很强的竞争性。以个体为例,当个体消费者做公共资源使用决策时,他并不会考虑自身的行为会对其他人产生何种影响,而且公共资源的公共性造成个体容易忽略资源的有限承载力。

公共产品及服务具有消费非竞争性、效果不可分割性以及受益非排他性,即消费者之间并不存在竞争,一人消费并不会影响他人消费,同时在技术层面的受益并不会区分消费者。其实,公共产品及服务与市场机制是存在巨大矛盾的,而在现实生活中公共产品及服务通常供给远远低于需求。

市场机制和市场竞争的现实特性造成市场目标就是实现效率,而这主要由初始资源分配决定,资本越大,市场效率越高,从而造成强者越来越强、弱者越来越弱的后果,最终导致收入分配不公正,也就是收入差距和财富差距加大。

2. 社会市场分析——金融市场失灵

现代经济的核心就是金融,可以说金融投资在引导经济资源配置方面具有非常重要的作用。金融经济和市场经济存在互生共融的特点,如果资源筹集和配置能够充分而高效,那么市场经济的增长和发展就会越充分和优化。但是,资金具有天然的逐利性,若加上市场失灵和调控不足的情况,则会导致金融经济无法促进经济增长和发展,从而出现金融市场失灵。

社会经济发展中金融市场失灵通常指的是金融体系无法依靠现有的市场条件进行金融活动,主要表现在五个方面:一是外部性问题,如绝大多数工业类企业若直接向自然环境排放废气污水等,则会令所有人类承担环境污染的成本,但没有承担预防和治理污染、使人的健康受损等成本,这就造成这类企业的高污染投资相对过度,却由社会负担了企业的负外部性成本。二是不完全信息问题。信息的不完全会影响投资决策的有效性和投资活动的准确性,如果投资者和金融机构无法获得充分的项目收益信息和风险信息,那么就会认为该项目未知风险过大,从而避免投资。另外,信息不足的一方不论是投资还是市场活动都会存在阶段风险。三是公共产品及服务的投资问题。因为其具有非排他性和非竞争性,因此通常私人收益会远远小于私人成本,这种投入和回报不匹配的情况会造成公共产品的投资不足。比如,大气污染治理就属于公共环保服务,其最大的特性就是成本极高,因为其具有非排他性,企业向此类投入资金时根本无法向受益人收取费用,从而形成高投资低回报的后果。四是市场不完全竞争的问题,如在垄断竞争的行业结构中,有些企业具有垄断性地位,若其处在这类位置,进行投资时往往就会倾向风险较低而收益较高的项目,相对应的环境治理和环境保护类的项目,如风沙治理、大气污染治理等项目,通常期限长、回报低且风险高,因此企业会很少选择此类方向进行投资。五是投资的顺周期问题。商业金融机构的投资行为通常都是顺周期模式,即当市场经济形势较好时就会加强投资力度,推动经济快速繁荣甚至过热;当市场经济形势变差时就会缩紧信贷,避免涉猎风险。

3. 绿色金融对社会经济的协调作用

现实市场中难免会出现市场失灵和金融市场失灵,而且随着自然环境污染和破坏问题的逐步恶化,市场经济的纯损部分(由自然环境污染或破坏造成的潜在经济损失,如人类健康、后代生活环境等)更加严重。国家发展经济的最终目的是提高民众生活水平的质量和满意度,这就涉及民众赖以生存的自然环境的优化和改善。

绿色金融能够通过对金融产品和服务的创新,以及政策的规范和体制的安排,引导市场内在的天然逐利性,促使其调整外部性缺陷,从而实现精准的经济市场调控。比如,通过强力监管之下的征税和惩罚措施使整个社会层面将外部性问题内部化,通俗来说就是让整个社会层面承担绿色发展的责任;通过绿色基金、绿色银行、绿色金融机构的成立实施绿色金融,使外部性问题内部化,这些机构会对直接或间接造成自然环境破坏和污染的企业或项目提高融资成本,而对能够对自然环境的破坏修复、污染治理的企业或项目提供补贴和政策倾向,促使资源配置的帕累托改进。[①] 又如,可以通过建立绿色信息平台或污染黑名单等来降低信息成本,尽量避免信息不对称性和信息不完全,这样一方面能提高环境评估的占比,另一方面能对高污染、高耗能项目或企业产生道德压力,逼迫这些项目或企业创新清洁生产和减少污染。

---

① 刘宏海:《以绿色金融创新支持京津冀协同发展》,中国金融出版社,2018,第45页。

绿色金融的发展能够引导传统资本从高污染高耗能行业中退出，并为清洁能源、清洁生产、污染治理等工艺和环节提供资金支持，从而提高绿色资本的总量，推动绿色经济的发展。另外，绿色金融的发展能够促使企业和项目向节能减排等减少自然环境污染和破坏的行业靠拢，从而变相降低对治理污染进行的投资，实现从纯损向增量的过渡。

（二）利于经济的可持续发展

任何一个国家的经济的可持续发展都需要以生态环境为空间基础，从宏观市场经济的角度看，自然环境是国家非常重要的财富象征，如果完全以破坏生态环境和无度开发自然资源来换取市场经济总量的攀升，完全属于竭泽而渔。

发展绿色金融能够从环保、生态、自然资源的层面遏制高污染高能耗企业或项目的发展，同时直接或间接影响民众的投资行为，使投资行为更加偏向低污染、低能耗、环境风险更低、环保措施更严、环保意识更强的产业领域、绿色企业和生态项目，从而逐渐调整社会资金和资源的配置，促使资源配置更加合理和优化。这样的引导也会起到节约自然资源、保护生态环境的作用，最终在维系良好生态环境的基础上，使经济的可持续发展拥有扎实的保障。

1. 提高国民素质

从人类的生存和发展模式看，经济发展的根源在于"人"，工业化发展使自然资源严重短缺、生态环境急剧恶化，而自然环境是人类赖以生存的基础和场所，随着生态系统的物质循环，很多污染物甚至会产生迁移、扩散和积累，从而带给人类更严重的危害。人类在受到破坏和污染的环境中长久生存，不仅会使身体受到侵害和影响，还会对心理和未来产生负面影响。

发展绿色金融能够促使金融资源逐步涉及新能源、新工艺等新领域，一方面能减轻经济增长对自然物质资源的依赖，另一方面能降低经济发展对自然生态的破坏和污染。当自然环境不再恶化，空气、水、土壤、气候等环境质量提升后，将会反哺人类的身体健康和心理健康，从而有效提高人口素质。

人类的身体健康程度和心理健康程度会潜在影响劳动生产率和生产质量，身心健康的人才能够在多个方面影响社会经济的提升和发展。比如，身心健康的人的体力和精神状态越好，劳动能力越强，生产效率也会越高；健康水平会影响市场劳动力供给，身心不健康的劳动力不仅无法保证生产质量，还可能被劳动力市场排斥，从而影响整体经济产出；身心健康在提高劳动者身体素质的同时，不仅能降低死亡率，还能促使后代更健康，从而形成良性发展；健康状况会影响受教育程度，更加健康的身心会让人的预期寿命变长，使教育的人力资本收益更高，同时健康状况会影响人的消费决策，更加健康的人会进行更多的投资或储蓄，从而增加社会可用资本总量，提高人均资本。

2. 优化金融资源配置

经济增长的一个关键因素就是金融资源，其是包括货币资金、流通的证券、信用资源等各种金融领域内事关金融服务主体和客体相互作用的一系列对象的集合体。合理的金融资源配置能够为经济发展带来增值。

发展绿色金融能够通过两种途径来优化金融资源的配置：其一是发展绿色金融能够在很大程度上提高空气、水、土壤等环境的质量，从而降低预防和治疗由于环境污染造成疾病的医疗花费。这相当于增加了全社会的投资总量，即金融资源向医疗方面的配置变低。其二是政府、金融机构、企业都可以将很大部分原本投入在高污染、高耗能等方面的投资转移到绿色技术的开发和发展方面，如清洁能源方面，从而改善整个社会的投资结构，促使金融资源向绿色良性项目倾斜。

3. 促进技术提升

发展绿色金融能够从两个层面促进技术的提升：其一是可以提高储蓄投资转化效率。发展绿色金融会推动金融机构规模扩张、数量增加，这势必会令金融机构的竞争程度变大。在这样的市场环境下，想得到更好的发展并脱颖而出，就需要降低利润率并提高专业化水平，其中最简单的方式就是降低投资资金供需过程中的转换成本，也就是提高储蓄投资转化的效率。其二是发展绿色金融能够快速提高绿色发展领域的资本总量，同时降低资金成本。绿色金融支持节能环保、气候智慧型农业、清洁能源、低碳运输等绿色经济领域项目的发展，尤其在政府财政补贴和政策推进下，绿色金融会促使金融机构对符合绿色发展的友好型企业提供更加优惠的贷款条件，从而提高环境友好型企业的数量和资本总量，优化产业结构。

（三）利于传统经济发展方式转型升级

传统经济发展更偏向粗放型经济增长，指的是在生产要素质量、结构和使用效率、技术水平等不大幅度变化的基础上，通过大量投入生产要素和扩张来实现经济增长。这是一种以数量增长来推动经济增长的粗放模式。在如今生产要素有限的社会背景下，传统经济发展方式已经无法匹配社会的发展需求，因此亟待转型升级，而绿色金融就可以成为推动其实现的动力源泉。

1. 优化消费结构

消费结构指的是在一定的社会经济状况下，人们的消费类型和消费资源之间的关系。影响消费结构的因素有两大类，一类是宏观层面，包括社会物价水平、市场环境、福利制度、投融资情况、收入分配、社会保障、消费品状况、劳动就业制度等；另一类是微观层面，包括家庭收入、家庭生命周期阶段、家庭规模、家庭储蓄率和投资水平等。

消费结构会随着经济的发展而出现动态式变化，中国经济的持续发展令人们的经济水平不断提升，原本的生产力落后和不断增加的物质需求之间的社会矛盾已经逐渐转变为经济发展不均衡和人们对美好生活追求之间的矛盾。

绿色金融的发展则在三个层面优化了社会的消费结构：一是提高了消费的绿色性和环境的友好性，如绿色信贷的发展使个人在消费时可以选用更多环境友好型消费品，不仅降低了消费的负外部性，还推动了环境友好型企业的良性发展。二是提高了高层次消费的比例。绿色金融的发展不仅会促进经济增长，还会改善环境质量并保证产出的清洁性，这样就会令人们的身心更加健康，从而降低预防和治疗疾病的支出与消费，而这部分支出就会分配到高层次消费方面，如加强自身的教育提升和家庭子女的教育提升，以及社交方面和娱乐休闲的支出等；三是扩大了绿色消费品供应，给予消费者更多的选择空间，尤其是绿色农业产品、有机产品等。受到绿色领域资金的支持和政策的支持，绿色消费品的回报率逐步增大，并开始多样化生产，为消费者提供了广阔的选择空间，提高了消费者绿色消费的比例，最终形成了绿色金融、绿色产品、绿色消费的良性循环。

2. 改变供给结构

首先，绿色金融可以拓展融资途径，扩大金融资本总量，为绿色创新技术提供资金。比如，广义碳税政策的推行通过对环境污染企业进行处罚、对污染资源进行征税的形式扩大了社会资本总量，也使环境污染企业的外部性问题内部化。

其次，绿色金融可以引导资金向绿色领域迁移，减少了高能耗高污染行业的资金可用量，从而优化了资金流向和资金结构。比如，差别化信贷政策的推行能够强制企业进行绿色保险投保，其建立的污染企业黑名单和环境信息平台能够遏制高污染企业的可用资金量，且和政策与资金均支持的绿色发展领域形成鲜明对比，从而引导资金向绿色领域倾斜。

最后，绿色金融可以降低绿色发展领域的投资风险。金融机构和金融系统最大的作用就是分散和转移投资的风险。绿色金融产品和相关政策的支持能够缓释很多风险较大的绿色发展领域项目的投资风险，甚至可以提高此类项目的投资回报率。比如,雾霾治理、土壤修复、大气改善等绿色项目周期极长且风险较大,私人很少会对这类项目进行投资,但绿色信贷和绿色债券在一定程度上降低了这类项目的融资成本并提高了投资回报,拉低了投资风险,以后会促进更多的资本进入绿色发展领域。

3. 促进经济动能转化

随着粗放型经济发展方式无法匹配社会发展需求,经济增长的动力开始逐步由投资规模刺激转变为依靠需求拉动,这就要求经济增长要素转向创新驱动。创新驱动发展战略的实施推动了创新科技型企业的大量出现,但和成熟企业不同的是,创新科技型企业多数处于商业化初期,融资需求大且风险高,这与传统的信贷业务模式并不匹配。

绿色金融的发展能够对创新科技型企业的融资产生积极影响。这是因为其不仅是一种金融服务,更是一种宏观调控手段。从创新驱动方面分析,绿色金融能够推动经济动能的快速转化,其主要体现在以下三个方面:

首先,绿色金融能够为绿色创新项目提供资金,尤其是契合绿色发展领域的创新项目,在新技术和新方法上具有明显的绿色性和清洁性,因此可以通过绿色基金、绿色债券、绿色股票等方式引导资金向创新型项目归拢。

其次,绿色金融会促进第三产业新业态的发展,如平台经济、体验经济、共享经济等,其作为第三产业的重要组成部分,在优化资源配置、提高生活效用、增加人们便利性方面有极大优势,但其抵押品不明确、收益不确定、发展模式不清晰,很容易被排斥在传统金融投资服务之外。绿色基金和绿色银行则能够有效解决这种情况,其不仅可以降低行业风险,满足融资需求,还可以降低该领域的竞争激烈度。

最后,绿色金融可以提高投资转化效率。绿色金融同样是金融产品和服务的其中一类,其发展必然会促使金融体系向多样化发展,从而给予融资者和投资者更多服务选择,加强资金流动,提高投资转化效率,最终优化金融资源配置。

二、强化金融机构和企业的可持续发展能力

(一)利于提升金融机构的可持续竞争力

自绿色环保项目受到的关注度不断提高,其已经成为加快金融机构转化经济发展模式的重要切入点,可以有效提高金融机构的可持续竞争力。比如,绿色证券、绿色信贷和绿色保险等金融产品的推出能够在长远阶段为金融机构建

立防范风险和健康经营的环保防火墙；金融机构推出绿色金融产品在短期内会提高评估和监督成本，但也会造成信贷规模减小。长远来看，绿色金融符合国际金融市场和国家经济发展的大方向，不仅能够优化信贷结构，还会促使金融机构的内部管理向绿色节能化发展，从而降低办公成本和风险，优化金融机构的产业结构，提高金融机构的创新能力，突出金融机构的品牌形象，增强金融机构的可持续竞争力。

（二）利于加强企业创新技术和可持续发展

绿色金融的发展建立在扶持和推动绿色发展领域的项目上。因此，企业若想获得相应的政策支持和贷款优惠，就需要对应性地向绿色金融的要求靠拢，如改进自身的生产工艺和生产条件，调整自身的发展方向，以便符合低能耗、低污染的要求。

这无疑会在带给企业压力的同时给予其创新技术的动力，以便自身能够突破技术瓶颈，完成环保技术的更新迭代。比如，降低单位产品的物耗和能耗、减少单位产品生产的废物排放、提高资源利用率和生产效率等。

除此之外，绿色金融的发展还会推动企业的可持续发展。比如，绿色金融的发展会无形中推动企业转变资金流向。若企业通过贷款来发展高能耗高污染的项目，就会受到绿色金融机构的审查，很可能无法获得贷款。企业在这种背景下做出投资和发展决策时，必然会将绿色发展领域考虑在内，甚至会优先考虑既能保证企业发展和利润，又能契合环保需求和绿色生态的项目，以便获得绿色金融的支持和服务。

绿色金融的发展可以规范企业的生产和经营行为。其中，规范生产行为其实就是上面提到的自主创新技术，规范经营行为则体现在绿色金融服务会对高耗能高污染的企业实行惩罚性高利率的贷款。企业若想降低融资成本，必然会从经营行为角度自觉向低耗能低污染靠拢。另外，金融机构还可以通过审查企业的环境排放标准为符合的企业提供融资便利，从而推动企业规范自身的生产和经营行为。

绿色金融的发展能够在一定程度上解决企业环境的外部性问题，尤其是一些高污染高能耗企业，其生产过程中对环境造成的污染和破坏不仅需要付出极高的成本才能改善，还会对外界造成极大的损害。以往即使政府部门介入企业环境问题，进行经济处罚和监管，也无法起到很好的效果，绿色金融则可以将环境风险因素纳入企业融资成本中，然后通过金融风险管控技术有效解决这个问题。

三、加强生态环境保护，降低资源浪费

经济粗放型增长对自然环境的影响主要体现在两个方面：其一是生态环境的污染和破坏，包括土地污染、水污染、空气污染、水土流失；其二是对自然资源利用率偏低造就的资源大面积浪费。

绿色金融的发展能够从这两个方面对自然环境产生良性影响。一方面，其能够加强生态环境保护力度和意识。因为生态环境遭受了极大的破坏和污染，所以单纯由国家进行治理，不但需要投入海量资金，而且无法从根源遏制对环境的再次污染。绿色金融则是以保护生态环境为重要审核机制，结合政策支持，为对保护生态环境有利的新技术、新设备、新项目提供资金。金融机构可以通过绿色信贷的激励机制引导社会资金向节能环保、促进环境改善的企业倾斜，从而强化企业的环保意识、规范企业环保行为，同时向社会各界普及绿色发展的理念，最终做到全民环保。另一方面，金融机构可以通过自身的绿色管理和绿色发展来减少自然资源和能源的浪费及消耗，同时向各融资企业以及投资者普及绿色发展的优势和特性，从社会公众层面提高环保和节约意识。比如，有的银行推出了为客户定制绿色选择账户的服务，即运用电子账单完善服务、减少纸张使用。金融机构这种身体力行的做法必然会逐渐对庞大的客户群体产生潜移默化的影响，从而传递绿色环保理念，提高公众对生态环境保护以及节约自然资源的重视，最终推动全人类的可持续发展。

第四节 绿色金融主要的参与机构

绿色金融的发展是国际金融业发展的新方向和新趋势，也可以说是后工业时代全球自然环境因素对人类经济发展的倒逼。从宏观层面看，绿色金融的发展必然涉及对世界范围内自然生态环境的保护、修复和改进，这就必须有各国政府和各类国际组织的参与。另外，绿色金融的推行实施还需要银行金融机构和中介机构的参与。

国际组织是绿色金融的发起者和观念引导者，需要通过提出全球性倡议、推动标准制定、加强国际周边合作甚至提供资金支持等推动绿色金融的发展。各国政府则需要从政策层面为自身绿色金融的发展提供良好的政策环境，制定各种相关法律法规，引导银行金融机构实施绿色金融的实践。银行金融机构是

绿色金融的实践者，通过其自身庞大的用户基数引导民间资本参与投资绿色发展领域。中介机构则是绿色金融市场的桥梁和纽带，其为市场主体(包括投资方和项目方)提供有关绿色金融方面的服务、咨询、工具提供等支持。只有通过以上多方的共同努力和协作，绿色金融的发展才能快速普及并获取成效。

一、发起者：国际组织

国际组织是绿色金融发展的重要发起者和推动着，通常其在绿色金融发展方面有四大作用。

其一是提出绿色金融理念，倡议绿色金融发展，推动环境领域项目的国际合作。它主要在合作过程中起牵头作用，并在制定政策建议方面发挥关键作用。

其二是参与制定绿色金融的原则和标准，包括环境评估制度、责任投资原则等。虽然不同的国际组织提出的原则和标准不尽相同，但最终目标都是为了应对社会环境和经济问题。

其三是向国际绿色发展领域的项目提供援助性融资，以推动绿色金融的可持续发展。比如，世界银行就着重向发展中国家的可持续发展项目提供融资支持。

其四是帮助和引导发展中国家开展能力建设，通常会参与绿色金融相关政策的交流、绿色金融市场发展方向等，以便支持发展中国家绿色金融的发展。

(一)联合国环境规划署

1972年，联合国大会做出了建立环境规划署的决议；1973年，联合国环境规划署(United Nations Environment Programme，UNEP)在瑞士日内瓦建立临时总部，宣布环境署正式成立，所有联合国成员国以及专门机构成员、国际原子能机构成员都可以加入其中。1973年10月，环境署将总部迁往肯尼亚首都内罗毕，其作为联合国统筹全世界环保工作的组织，主要提供业务性辅助内容，每年都会通过联合国经济和社会理事会报告自身的活动。其使命是激发、推动和促进各国及人民在不损害子孙后代生活质量的前提下提高自身生活质量，领导并推动各国建立保护环境的伙伴关系；其任务是作为全球环境的权威代言人帮助各政府设定全球环境议程，促进在联合国系统内协调一致实施生态环境的可持续发展。

自成立以来，环境署举办了各项国际性的保护地球环境和区域环境的专业会议，并召开了多次学术性讨论会，协调签署了各种有关环境保护的文件，包括国际公约、国际宣言和议定书等，并一直在积极督促各国政府兑现这些文件。比如，在1995年和1997年分别出台了《联合国环境规划署保险业环境举措》和《银行业、保险业关于环境可持续发展的声明》。[①]

环境署在1992年成立了金融行动机构（UNEP FI），致力为政策制定者和金融中介机构建立合作关系，其宗旨是促进绿色金融理念的推广和普及，并通过行业守则、原则标准等督促各金融机构投身可持续发展的金融实践中。

2014年，环境署为了充分调动金融体系对实体经济可持续发展的支持，发起了可持续金融体系的探寻与规划（UNEP-Inquiry），主要目的就是推动各国金融政策制定者和监管者进行国际合作，从而加快实现全球范围内的绿色经济转型。2016年，由中英两国央行联合主持的G20绿色金融研究小组正式成立，并将UNEP-Inquiry作为秘书处，研究小组提交的《绿色金融综合报告》中明确了绿色金融的定义、目的和范围等，并支持全球经济向绿色低碳转型。

自成立之后，UNEP-Inquiry为绿色金融的发展起到了极大的引导和推进作用，如与数十个国家就绿色金融体系的构建开展合作；促进证券交易所、保险公司、银行、监管机构、机构投资者等在可持续发展方面进行广泛合作；等等。

（二）国际金融公司

1956年，国际金融公司（The International Finance Corporation，IFC）于美国华盛顿成立，是附属于世界银行集团的政府间国际组织，也是全球性投资机构和咨询机构，其宗旨是配合世界银行的业务活动，鼓励国际私人资本向发展中国家流动并推动发展中国家的企业成长和经济发展。

随着绿色金融的发展，IFC也越来越注重可持续发展项目的投资，投资了大量的绿色项目，为诸多发展中国家经济绿色转型提供了支持。其主要通过下属专业机构可持续金融市场机构（Sustainable Financial Market Facility，SFMF）开展可持续发展金融服务。

IFC认为气候变化对全球的影响非常巨大，尤其对发展中国家的经济发展和环境保护造成了巨大的风险，其有义务为发展中国家确定环境融资方案，以便发展中国家能够应对这些风险和气候变化。其主要的工作成果是将可持续性标准纳入了环境产品供应链，为可再生能源开发确定了对应的信贷额度；设立了碳金融机构，为符合标准的客户提供了碳融资服务；指导和支持了一大批私人资本参与到碳市场中，为企业节能减排、提高能源利用率、加强公司环境治

[①] 马骏、周秋月、殷红：《国际绿色金融发展与案例研究》，中国金融出版社，2017，第44页。

理等方面提供了巨大的帮助。

(三) 可持续银行网络

可持续银行网络 (Sustainable Banking Network, SBN) 于2012年正式成立, 成立之初由中国、巴西、印度尼西亚等26个成员协同参与, 是一个由新兴市场金融业监管机构和银行业协会自愿组成的创新机构, 致力以国际规范标准推进发展中国家的可持续金融发展。

SBN开展的主要活动包括提供经验分享和沟通合作的独特平台, 通过对可持续金融领域趋势的研究研发创新产品, 并通过工作组规范政策制定、实施、能力建设、检测、评价等, 确保地方政策能够和国际规范标准统一。其网络范围正在不断扩大, 如囊括金融业生态系统的其他领域, 包括绿色金融、绿色资本分配、碳足迹管理、碳定价、气候风险评估等各个方面。

(四) 联合国责任投资原则组织

联合国责任投资原则组织 (United Nations-supported Principles for Responsible Investment, UNPRI) 属于一个国际框架, 主要揭示保护环境、维护社会正义、强化公司治理 (三者简称 "ESG") 等对投资的影响, 并为这些议题的融资和决策提供框架, 由联合国支持并发起, 由多个国际投资机构共同签署形成。

UNPRI有六大原则, 分别是将ESG议题纳入投资分析和决策过程中、将ESG议题整合到所有权政策和实践中、要求投资机构适当披露ESG咨询、推动投资行业接受并遵循实施UNPRI原则、通过合作机制提升UNPRI原则的实施效能、汇报UNPRI原则的实施进程和活动效果。所有原则都基于自愿性和鼓励性角度, 每一条原则之下还有一系列较为具体的可行性方案, 以便参与其中的机构能够有效进行推进。

目前, 已经有数千家机构签署了UNPRI协议, 并在投资和业务运营过程中实施UNPRI原则。在UNPRI理念的影响下, 已经有很多机构开始投资绿色资产, 并为了确保绿色因素能够被纳入投资决策中而积极开发对应的分析工具。

(五) 其他国际组织

除上述所说各国际组织, 还有世界银行、全球环境基金 (Global Environment Facility, GEF)、亚洲开发银行、欧洲开发银行、美洲开发银行、绿色气候基金 (Green Climate Fund, GCF)、经济合作与发展组织 (Organization for Economic Co-operation and Development, OECD) 等机构也已参与绿色金

融的发展和提升成员国绿色金融能力建设方面。

其中,世界银行和全球环境基金是进行绿色金融实践较早的国际组织,也是绿色金融发展的重要推动者。世界银行成立于二战之后,最初的目的是资助西欧国家恢复被战争破坏的经济,在1948年后欧洲普遍开始依赖美国的马歇尔计划来恢复战后的经济,于是将主业务转移到向发展中国家提供投资和贷款,以促进发展中国家的经济和社会发展。早在1993年,世界银行就已经开始执行针对气候变化的全球环境基金(全球环境基金成立两年后),并在1999年通过原型碳基金实现了先导性碳金融。1999年,世界银行对能源部门提出了"关注能源"的环境战略;2001年,采纳了带有气候变化支柱的环境战略;2006年,提出了清洁能源投资框架。

全球环境基金成立于1991年,是一个由183个国家和地区组成的国际合作机构,其宗旨是与国际机构、社会团体、私营部门合作,协力解决环境问题。其为数千个项目提供了百亿美元以上的捐款,撬动了数百亿美元的联合融资,为全球的绿色发展领域项目提供了极大的支持,包括臭氧层及持久性有机物、气候变化、土地退化、国际水域综合治理、生物多样性等。

绿色气候基金是在2010年举行的《联合国气候变化框架公约》(UNFCCC)第十六次缔约大会上设立的机构,其宗旨是帮助发展中国家适应气候的变化。

GEF管理的气候变化特别基金(SCCF)是对UNFCCC和《京都议定书》之外的其他融资机制的有效补充,也是GEF用以充当UNFCCC过渡期的融资机制。

以上诸多国际组织对绿色金融的发展起到了极大的推动和促进作用。

二、引导者：各国政府

绿色金融的发展一直依托国际组织的推动和各国政府的鼓励,但在国际上很少有政府专门针对绿色金融而设计鼓励性的政策体系。中国在2016年发布的《关于构建绿色金融体系的指导意见》是全球第一个较完整的支持和鼓励绿色金融发展的国家层面的政策框架。[1] 当然,绝大多数国家都制定了相对应的法律和政策措施,以便在一些具体的领域内起到鼓励绿色投资、约束污染、减少高碳投资,推动绿色金融发展的作用。主要的引导方法体现在以下两个方面。

---

[1] 马骏、周秋月、殷红:《国际绿色金融发展与案例研究》,中国金融出版社,2017,第50页。

（一）约束性法律制度体系

具备良好的法律支撑是推动绿色金融发展的有力保证，不论是发达国家还是发展中国家，在日益恶化的自然环境之下都逐渐开始重视环境的保护和劳工权益等方面的制度建设，只有完善约束性的法律制度体系，才能够推动绿色金融的发展。

美国在20世纪70年代就制定了有关保护环境的法律，涉及水环境保护、大气污染、废物管理、污染场地清除等26部法律，其重点是规范企业、政府和银行的各种行为，并调节三方之间的关系，以促进绿色金融的发展。最具代表性的是1980年颁布的《综合环境反应、补偿与责任法》（CERCLA），其规定银行必须对客户造成的环境污染负责，并需要支付相对应的环境修复费用，其责任连带且有追溯性。

英国针对环境的立法遵循的是污染预防、污染者付费和可持续发展三个基本原则，《污染预防法》《环境保护法》《废弃物管理法》《水资源法》等均涉及可持续金融的内容。《污染预防法》中规定了近万个工艺过程，采用这些工艺过程进行生产和发展的企业需要向英国环保部门申请，并通过制定严格系统的技术标准和发放许可证的形式实现预防和控制环境污染。

加拿大在20世纪60年代就已经开始建设有关环保的法律政策，在1970年更是成立了污染防治办公室，正式从国家政策层面进入保护环境和治理环境污染的实质性工作阶段。1995年，加拿大政府制定了《污染预防行动计划》，规定企业必须做好污染预防计划并提交计划书，而且此计划书是后续企业贷款评估的重要依据；1999年，加拿大修订了1988年出台的《环境保护法》，强调要从源头治理环境污染，同时为加拿大工业和商业体系提供了统一的实施清洁生产的标准，以保证企业控制排放废物、减少污染、降低资源成本等。另外，加拿大还设立了各种社会公告平台，以便向社会公示企业的污染预防计划书，从而在公众层面加强对企业的监督。

这种约束性的法律机制体系都是从源头对高污染、高能耗企业或项目的遏制，只有企业严格遵守这些法律法规，约束自身行为并接受监督，才能够实现可持续发展。同时，这些法律机制体系加强了金融机构对高污染高能耗企业或项目的风险意识，保障了可持续绿色金融的顺利推行和实施。

（二）激励性经济机制体系

约束性法律机制体系可以遏制金融机构和企业向高污染高能耗的项目投资或发展，同时需要制定有效的激励性经济机制来提高金融机构和企业执行绿色金融的积极性。不同的国家针对不同的情况实施了多种不同的激励政策，其目标都是促进绿色金融的发展。

美国对节能环保类的项目制定了关于税收和财政专项基金等一系列优惠政策，如 1978 年出台的《国家能源法》就对开发利用太阳能、地热、潮汐能、风能等发电技术项目，以及购买太阳能和风能等新能源设备进行了税收优惠，其中所付的部分金额可以从当年缴纳的所得税中抵扣；针对环境保护项目，美国的发债融资会采用 3.3%—3.7% 的低利率；美国很多金融机构都设立了环保基金和优惠贷款，以便支持和鼓励环境保护类项目的运作和发展，同时对从事环保产业或环境友好型产业的企业提供担保或贷款优惠。

英国出台了一系列与可持续金融相匹配的激励性政策。《贷款担保计划》中规定小型企业可以向金融机构借贷最高 7.5 万英镑的款项，其中政府会要求企业对自身的环境影响进行评估，并根据评估结果对环境友好型企业进行对应的担保，可担保贷款额的 80%。[1] 这项政策刺激了英国中小型企业在关注企业环境影响的基础上进行融资，有效对污染型企业进行了遏制，同时促进了环境友好型企业的发展。

日本采取了多个领域对企业环保投资进行激励和帮助的政策措施，包括政府直接补贴、税收优惠政策、公共金融机构优惠贷款等。从事减量化、再利用、再循环方向项目的研究开发、设备投资以及工艺改进等企业能够享受优惠贷款利率；企业若设置资源回收系统，可以由非营利性金融机构为其提供长期的优惠利率贷款；对于研究开发或实施循环经济的企业或项目，可以给予多种税收优惠，以减少其运营成本。

各国政府通过遏制负向、激励正向的积极引导令环境因素在金融体系内的影响力越来越大，这种大背景之下的金融机构如银行等均开始通过环境社会风险预评估和风险识别的方式筛选符合政府制定的环境社会发展标准的贷款项目，也开始在贷款过程中严格执行相关的环境风险测评，以规避借款的企业突发性的环境社会风险和相对应的法律风险。这种国家政策层面对绿色金融的支持使金融机构开始强化自身的信贷管理和审核制度，同时促进了金融机构的可持续发展。

---

[1] 马骏、周秋月、殷红：《国际绿色金融发展与案例研究》，中国金融出版社，2017，第 52 页。

三、实践者：银行金融机构

银行金融机构主要可以分为两类，一类是政府背景的银行金融机构，另一类是商业性银行金融机构。其中，政府背景的银行金融机构在推动绿色金融发展方面有较大的优势。这是因为环境保护、可持续发展、环境治理等问题有很强的公共属性，而国家在推行绿色金融发展的过程中通常会通过成立政府背景的银行金融机构进行相应的推动，从而保证政府和市场之间形成联系纽带。商业性银行金融机构则具有范围广、资金重组、市场反应敏感等优势，在国家政策和政府背景银行金融机构的引导之下，其也开始将绿色金融作为促进自身可持续发展的重要策略和手段。

（一）政府背景的银行金融机构

通常情况下，政府背景的银行金融机构是国家全资或控股的银行金融机构，其资金来自国家财政，通过国家财政与金融的融合对政策、法律、实践等进行验证，以推动绿色金融的快速发展和宣传普及。其中，最为典型的是英国的绿色投资银行和德国的复兴信贷银行。

1. 英国绿色投资银行

英国绿色投资银行（GIB）成立于2012年，虽然成立较晚，但其是世界上第一家专门致力通过解决融资问题发展绿色经济的银行，目的是解决英国绿色发展项目融资市场失灵的问题。

GIB的董事会在组织内部专门设立了绿色委员会，肩负多重职责和任务。比如，审查GIB制定的政策和投资活动是否符合自身的绿色投资原则；建立有效的评估机制和完善评价指标体系，以量化衡量GIB内部的投资表现；绿色委员会成员需要具备多方面的专业化知识，包括环保知识和金融知识，以便提高绿色投资的专业性。

GIB的政策体系包括以下五项主要内容：

其一是绿色投资原则，包括项目有明确的投资标准，有积极的绿色效益，有持久的绿色影响，能够减少全球的温室气体排放，拥有健全的绿色影响评估体系，具备有效的合同、监督体系和参与性，能够执行透明的信息披露。

其二是绿色投资政策。这是建立在绿色投资原则之上的政策，主要阐述的是如何实施和执行绿色投资原则。

其三是绿色影响报告准则，其中详细阐述了量化绿色影响的具体程序，并给出了对应的量化绿色影响的计算公式，以便针对投资项目实施量化并进行效果衡量。

其四是负责任投资原则，主要是将 ESG 框架纳入投资分析以及投资决策过程中，以期作为企业责任的核心内容。

其五是企业环境政策，即从自身企业出发，形成绿色金融发展的标杆，如通过公司内部的运营降低企业对环境的负面影响，通过企业内部的员工培训提高员工的环保意识，同时保证企业在运营过程中遵守环境法律法规和准则，确保公司运营合法合规并符合绿色金融发展的要求。

2. 德国复兴信贷银行

德国复兴信贷银行（KFW）成立于 1948 年，最初是一家致力为德国战后重建提供对应资金的国有银行，总部位于德国法兰克福，并在柏林设有分部。至今，KFW 的主要业务依旧极为专一，即为德国企业提供长期投资贷款。在投资信贷业务中主要是为了促进德国中小企业的发展，包括中小型企业的财务、环境、财务革新等方面的投资，同时为个人的房屋建设、能源节约、现代化等提供规划服务。

KFW 在绿色金融发展方面的经验主要体现在七个方面：其一，KFW 是国有银行（德国联邦政府占原始股本 80%），业务专一度极高，以促进德国企业发展和推动德国经济发展为己任；其二，因为 KFW 是国有银行，且使命是推动德国经济，所以不需要向国家缴纳股利，也不需要上缴所得税；其三，虽然 KFW 是国有银行，所有权属于德国，但并非国家机构，能够独立运作且不受政府干预，其内部有由政府部门领导组成的监事会对业务进行监督，但业务项目的授权由董事会掌控和决定；其四，虽然 KFW 的使命是推动德国经济发展，但其主要在国际资本市场进行融资，并不依靠政府的补贴开展业务和获取资金，只是政府会为 KFW 的融资提供担保，因此拥有较低的融资成本，为银行的发展提供了坚实的保障；其五，KFW 属于中立企业，和商业银行并非竞争关系，而是合作关系，如 KFW 会通过较低的借贷率将资金过渡到商业银行，商业银行再将这部分资金转贷给借款人，两者没有竞争性；其六，KFW 在发放贷款时先考虑的是投资项目和投资方案的经济性，并按照商业银行的风险控制模式发放信贷；其七，KFW 成立时专门制定了《德国复兴信贷银行促进法》，并依托政府确立了该法的法律地位和影响性。

3. 政府背景的银行金融机构对绿色金融发展的促进

首先，绿色金融产品和服务。比如，KFW 在二十余年时间内提供给节能、新能源、环保等领域的绿色贷款一直在不断增长，其对节约型能源转换项目提供的低息贷款低至 1%，同时为符合绿色标准的节能建筑和现有建筑的节能改造项目提供对应的贷款；GIB 在 2015 年优先关注的是转废为能、企业节能、商业和工业垃圾等领域，其投放的贷款资金中有 80% 以上进入了这些领域，剩余的 20% 左右则投资于其他绿色产业，包括海洋能源、碳捕获和封存等项目。

其次，参与机制公开透明。比如，KFW 的绿色金融产品和服务从融资到后期的产品销售都没有政府的干预，每一项步骤都是通过公开透明的招标形式进行，政府在此过程中的作用就是提供信息和制定相关管理办法，这既保障了资金的高效、公平使用，又保证了借贷过程的公正透明。

最后，对绿色金融发展的影响和效果明显。比如，KFW 在提高能源使用效率、节能环保和减少碳排放量等绿色贷款项目上提供了极大支持，为德国绿色经济的发展做出了巨大贡献；GIB 在 2012—2015 年获得了政府投资的 30 亿英镑，这批资金在解决绿色发展领域基础设施项目的市场失灵方面起了关键性作用，还进一步刺激了私人投资，引导私人投资向绿色金融靠拢和发展。

（二）商业性银行金融机构

前面提到，国际上已经有一些商业性银行金融机构涉足绿色金融领域，这些机构在绿色金融方面的实践有四大特点。

一是拥有较先进的可持续金融理念。通常，这些银行金融机构的总部位于发达国家，对环境标准有充分的了解。

二是可以不断优化可持续融资政策标准。因为理念先进，所以这些银行金融机构具有很强的包容性和兼容性，在业务与责任投资全球化的同时，其绿色融资标准需要符合项目所在国家的标准。另外，当项目位于欠发达国家时，还可以采纳赤道原则、IFC 绩效标准或联合国责任投资原则等，以推动绿色金融发展。

三是这些银行金融机构的业务灵活性极高，所以可以在总体政策基础上，根据自身业务结构和风险偏好，细化对应期望进入的相关行业或领域的政策和标准，从而使绿色金融产品和服务覆盖面更加广泛。

四是促进银行金融机构加强信息披露和提高风险的管理能力。绿色金融理念推动下，政策的公开透明度得到了极大提升，这有利于政策的执行以及监督约束，银行金融机构在提高绿色金融产品和服务类业务时，也必然会影响和引导企业改善社会环境和内在环境的表现，从而更符合绿色金融产品和服务的标准，有利于全面提高企业的绿色发展意识。

以下介绍几个全球性商业银行金融机构的绿色实践。

1. 巴克莱银行

巴克莱银行（Barclays Bank）是英国最古老的银行，于1690年成立，也是如今世界上规模最大的银行和银行金融机构之一。巴克莱银行在2003年就宣传实行赤道原则，是最早的十家赤道银行之一，并依据赤道原则设立了相对应的部门和评估系统。

比如，对一般贷款，银行内部的信贷部门和内部评级部门会合作对项目的环境风险进行评估；对于潜在环境风险较大的项目，如化工、冶炼等，会由专门的环境及风险部门进行特别评估；若评估发现可能会有重大风险影响银行的声誉，声誉委员会就会介入并提出最高意见；所有相关项目的启动、运行都会进行不同阶段的全程跟踪。

在绿色产品创新方面，巴克莱银行也有极为突出的表现。比如，其于2007年推出了一种名为呼吸卡的信用卡，持卡人在购买清洁能源、天然气、公交卡、节能设备等环保产品和服务时会获得优惠，同时承诺会将信用卡利润的50%和消费金额的0.5%捐献给国际节能减排项目，以应对全球气候变化；巴克莱银行还推出了全球第一个跟踪温室气体减排交易系统中碳信用交易情况的全球碳指数基金。

2. 花旗银行

花旗银行（Citibank）是花旗集团旗下的一家零售银行，前身是1812年成立的纽约城市银行，经过两个世纪的发展与并购，已经成为美国最大的银行之一。花旗银行同样是最早的十家赤道银行之一，执行国际金融公司的环境和社会风险标准。

在环境与社会风险管理运作方面，花旗银行采用的是2004年建立的ESRM评审体系，主要包括风险分类、全面审查和持续监督三个重要环节。风险分类是按照赤道原则将交易分为A、B、C三类，之后在赤道原则的指导下全面审查，先提出要求以便让交易符合ESRM准则，之后有需要的情况下可聘请独立的财务顾问，最后是必要的情况下制订环境和社会行动计划；持续监督则通过两个层面实施：一是资产组合经理要对所有交易进行年度信用审查，二是内部审计组要对尽职调查和合规性进行审计。

花旗银行针对自身还设立了物业服务机构，以便管理自身运营过程中温室气体的排放和能源消耗；高管的业绩考核会和可持续发展绩效挂钩，员工为银行环境以及社会环境做出贡献的行为也会进行对应的激励。除此之外，花旗银行在绿色产品和服务的创新方面也有很好的表现，如其针对中低收入顾客推出了结构化节能抵押产品，将顾客省电量等节能指标纳入了贷款申请人的信用评分系统中，在很大程度上引导了顾客向绿色发展领域靠拢。

3. 汇丰银行

汇丰银行（The Hongkong and Shanghai Banking Corporation Limited）是汇丰集团旗下汇丰控股有限公司的全资附属公司，其除了践行赤道原则外，还遵循环境信贷和道德投资指导方针，并根据自身特性发布了五项针对环境敏感行业的贷款指引，强化了对赤道原则的承诺。其董事会专设了可持续发展委员会，并逐层设置了可持续发展部，由专人负责统筹可持续发展事务。其推出了气候变化指数系列产品，但对于新兴市场经济体中的融资项目，仍要提供对应的环境评估证明并符合赤道原则，如此才能够获得对应的优惠。

4. 瑞穗银行

瑞穗银行是1999年日本三家银行全面联合重组之后，于2000年正式成立的银行金融机构。其遵循赤道原则以及日本21世纪金融行动原则，并在绿色发展项目信贷处理过程中融合了相关的环境与社会风险管理办法。

瑞穗银行为了加强外部管理和绿色发展领域项目的有效执行，不断增加政策透明度，对总体政策和行业政策进行公开，还会帮助客户改善项目环境，但对于那些对环境和社会问题存在潜在风险的项目，会积极和客户沟通，甚至会帮助客户管理其中的问题。

5. 保险公司

以上只是列举了数个银行类银行金融机构，保险公司同样是金融业的重要组成部分，同样可以通过发展和推行环境责任保险、践行绿色投资等推动绿色金融的发展。比如，20世纪70—80年代，欧美就已经开始推出与环境污染相关的责任保险。

安达公司是全球最大、最先进的环境责任与污染风险承包商之一，其在多个国家设立的环境风险部门主要推广环境污染责任险、可再生能源险等多种绿色发展领域相关的产品和服务。除推出环境保险产品和服务之外，其下辖的资产管理公司也在全球很多国家投资了绿色发展领域的项目，如节能环保不动产和基础设施、可再生能源、碳减排项目等，不仅推动了绿色金融的发展，还促进了多样化的绿色项目投资组合的形成。

四、链接者：中介机构

不论是哪个层面的绿色金融参与者，制定绿色金融相关政策、引导绿色金融对应发展方向、开发绿色金融对应产品以及进行实践，都需要一个量化市场主体的绿色表现作为定价、奖惩和评价标准的基础。但相对而言，环境因素、资源因素以及运营活动等都具有很强的公共品性质和市场性质，因此传统的评价体系很难对企业、产业或产品等运营、生产、消费活动的外部性进行有效评估，这也就容易造成开发主体很难对绿色行为进行有理有据的定价。

这样的背景下就需要有相关的链接者，即中介机构为绿色金融产品的开发、交易、评估等提供有效的支持。通常情况下，中介机构属于第三方机构，其设计的各种绿色评级配套工具或制度等全部以自然环境、生产环境和运营环境为评定核心，对绿色金融的发展有非常有效和正向的推动作用。

如今，国际上有关绿色金融发展的中介机构主要有四类：

其一是绿色评级机构，以穆迪公司、标准普尔为代表。穆迪公司于1900年在美国纽约成立，是著名的债券信用评级机构；标准普尔则创立于1860年，并于1941年合并普尔出版公司和标准统计公司，形成了世界权威金融分析机构。它们都可以为企业和企业开发并发行的绿色产品进行对应的评级和认证。

其二是绿色指数机构，以美国明晟公司（简称：MSCI）为代表。其是著名的指数编制公司，是可以供应有关股权、固定资产、对冲基金、股票市场等指数的企业。MSCI指数是全球投资组合经理最多采用的基准指数。针对绿色金融的发展，MSCI编制并发布了绿色指数，可以为投资者提供投资基准指数。

其三是数据服务商，以碳信息披露项目（Carbon Disclosure Project，简称CDP）、彭博有限合伙企业（Bloomberg L.P.）为代表。CDP在2000年成立于英国，每年都会要求世界上知名大企业公开碳排放信息以及为气候变化所采取措施的细节等，如今已经发展为碳排放披露方法论和企业流程的经典标准。彭博则是全球商业和金融信息、财经资讯的领先提供商，可以为全球各地的企业等提供实时的金融市场历史数据和行情，涉猎收集、加工并对外提供绿色信息。两者都通过数据提供服务促进全球环境信息的披露和发展。

其四是环境咨询公司，以特鲁克斯特公共有限公司（Trucost）为代表。其开发了一系列定量评估环境成本和效益的工具。

第五节　绿色金融的比较分析

绿色金融的发展是顺应生态文明建设和人类生存发展的创举，也为环境污染治理的资金难题提供了破解思路，有利于激励和动员更多社会资本参与绿色产业，以对生态环境的发展有利的方向推动中国社会经济增长。

一、传统金融和绿色金融的比较

改革开放以来，中国经济得到了巨大的发展，也出现了巨大的变化，但是随着时间推移，因为体制、市场发展等各方面的原因，政府在自然资源和自然环境的保护工作中已经出现市场失灵和金融市场失灵的问题。比如，金融业出于逐利动机根本不涉及环保领域，从而造成人类的可持续发展与经济的飞速增长产生了尖锐的矛盾。

（一）传统金融的特点

传统金融业的发展立足点是金融项目的盈利状况，即以追逐经济利益为最终目标。比如，银行的传统商业性金融业务往往以安全、盈利、流动等为经营目标；深入广大农村的合作金融也已经走上商业化运作轨道，合作性质正在退化，致使商业性质越来越凸显，如逐利性动机等，和银行的商业经营理念类似。

另外，传统政策性金融在业务范围方面具有极大的局限性，通常会以执行国家特定政策为方向，缺乏灵活性和适用性。虽然政策性金融业能够完成国家下达的政策性任务，起到平抑价格、稳定民心、调控市场的作用，但是其并不会将环境污染、生态平衡、资源短缺、资源浪费等问题纳入决策变量体系。

在传统金融理念下，所有环保产业、污染治理等都需要由国家财政开支并负责，这不但对国家财政形成巨大的压力，而且没有从源头起到遏制作用，因此对发展绿色生态的社会环境效果并不明显。

（二）绿色金融的特点

绿色金融虽然还未形成统一定义，但其目标在学术界已经达成共识，即在投融资活动之中，必须从始至终体现绿色特性。也就是说，金融机构在进行各项活动时，无论面对企业还是团体，都需要注重对资源的节约使用、对环境的保护和治理、对生态环境的维系等，并在此基础上促进经济和生态的协调可持续发展。

绿色金融需要实现两项基本任务：一是帮助企业降低能耗、节约资源，并将生态环境因素纳入金融业的投融资决策与核算中，扭转企业粗放型经营模式，避免企业运营陷入污染之后再治理的恶性循环之中；二是金融业要和生态产业、环保产业紧密联系，关注这些无眼前利益类产业的发展，通过对人类长远利益的注重来实现未来良好生态环境和经济环境反哺金融业，最终促成金融业和生态环境相互促进的良性循环。

（三）传统金融和绿色金融的差别

从以上两种金融的特点可以看出，绿色金融是传统金融的重要补充，填补了金融业发展道路上的长效机制。绿色金融的经营理念并非以眼前利润为核心，而是以生态环境利益为核心，坚持将绿色利润作为最终目标，在执行和实践过程中通过改变考核方法、制定扶持政策、运用利率杠杆、放眼可持续未来等手段达到经济效益和生态环境和谐共存、相互促进发展的目标。

另外，与传统金融以追逐利益为己任的模式不同，绿色金融是以节约资源、保护环境为己任，因此资金会被输送到各种与人类健康息息相关的环保产业、生态产业、治理产业等，以便通过资本的倾斜促进良好生态环境的维系、被破坏的生态环境的改善等，寻求人类的可持续发展。

（四）在传统金融基础上发展绿色金融

传统金融对金融业的影响根深蒂固，因此绿色金融的发展必然是一个系统工程，最佳的方式就是依托传统金融已然成型的基础，通过合理的手段进行改善和完善，从而促进绿色金融扎下稳定的根基。要做到这一点，需要从以下四个方面入手。

1. 发展绿色金融的前提条件

一是彻底转变传统金融影响下形成的金融业价值观念，树立全新的绿色价值观。这一条件随着中国绿色产业的尝试和探索已经基本具备，如绝大多数城镇居民已经将消费目光和消费方向定位到无污染及节能的绿色产品，包括绿色住房、绿色食品、绿色服务、绿色电器等。

二是拥有足够的富余资金作为绿色金融的发展保障，尤其是绿色金融业收益回笼和见效速度慢，需要足够的时间支撑，因此高昂的耗资会对绿色金融的发展形成巨大压力。但随着改革开放的推进，中国城乡居民的储蓄余额连年攀升，大多数金融机构在人民银行都有超额准备金，货币资金已出现大量沉淀和闲置。也就是说，发展绿色金融已经没有资金障碍，只需要通过合理的金融手段激活这些资金，即可促成绿色金融的发展。

三是要通过恰当的政策和措施做出有效的制度安排，以便激活富余资金。制度安排是管束特定行为模型和关系的行为规则，属于政策、措施的具体化。传统金融业在现行政策导向下已经划定了极为局限的业务圈，要促成资源环境因素切入金融业范畴，就需要政府发挥自身的引导能力，制定对应政策以及出台各种激励措施，将富余资金引向绿色产业。

2. 完善评价指标体系

传统的经济评价指标体系并没有包含绿色成本、环境污染治理成本、生态破坏成本等。在自然生态环境被世界各国关注之后，已经有越来越多的国家将环境因素纳入国民经济核算体系中，如计算和评估环境生态破坏以及资源破坏造成的直接经济损失、环境保护和治理污染等必须支付的投资等，均已经形成了初步的环评体系和经验。金融业完全可以借鉴这种做法，吸取国民经济核算体系纳入环境因素的经验，在现有的核算指标中加入环保参数等指标，完善评价指标体系，以促进绿色金融的发展。

3. 充分挖掘现有金融机构的潜力

现有金融机构多数拥有极为庞大的用户基数。基于此，政府可以通过政策调整充分挖掘金融机构的潜能，引导金融机构注重长远利益，从而在投融资过程中向绿色产业靠拢。比如，可以通过窗口指导、再贴现和再贷款利率优惠、税收优惠等倡导金融机构将投资目标转向三废治理、江河治理、土壤治理、农田水利、退耕还林等环保项目之中，最终以金融机构为纽带加强民众对绿色产业的重视并促成绿色产业的发展。

以农村生态环境为例，农户是农村生态环境的主要参与者，在从事农业活动时，其不仅会建设农村生态环境，还会为了实现高收益导致环境的破坏，如过量施用化肥和农药等。基于这样的背景，农村信用社完全可以将富余的资金低息贷给农户来发展绿色农业，亏损部分则可以依托政府的税收优惠和财政贴息等弥补。一般而言，鼓励绿色农业可以从两方面着手：一是支持清洁生产，辅助乡镇企业建立完善的环保体系，以减少污染发生之后的治理费用；二是支持生态农业，引导农业生产顺应自然环境，用最少的投入获得更多产出，促进自然环境资源的更新。

4. 创新融资工具和产品

随着绿色理念的推行和发展，人类越来越关注自然环境的变化，也开始注重考虑环境因素对子孙后代的影响，但中国证券市场上的投资品种相对单一，广大投资者要将资金转向绿色产业，还需要多元化的绿色金融工具和产品进行支撑。这就需要金融机构充分发挥创新能力，开发多种富有吸引力和创新度的融资工具，如绿色债券、绿色基金、环保彩票等，以便形成绿色金融健康发展的闭环，通过绿色融资工具和产品获取资金，通过资金发展绿色产业并促进经济增长，同时通过绿色产业的发展改善自然生态环境，最终形成经济、环境、金融的良性互动。

二、绿色金融和低碳经济的关系

（一）绿色金融与低碳经济相辅相成

低碳经济以减少温室气体排放为目标，旨在构建低污染、低能耗的经济发展体系。这一概念最早由英国提出，之后被世界各国采用。2010年，中国在五个省八个市中开展了低碳产业建设试点工作。低碳经济就是在可持续发展理念指导下，通过各种技术创新、产业转型、新能源开发、制度创新等手段保证经济发展和生态环境保护相携共行。从此角度看，低碳经济和绿色金融完全是相辅相成且目标完全一致的关系。

不过，中国作为发展中国家，正处于城镇化、工业化高速发展的阶段，这就造成中国经济的发展在保证工业发展、满足内需的同时，需要协调气候的变化和响应世界对低碳经济的号召。中国完全可以通过推行绿色金融促使金融业在投资和资源运用方面更注重生态环境保护和节能减排，并以此带动工业化企业的绿色发展。

绿色金融和低碳经济之间的经济逻辑关系十分紧密，主要体现在三个层面：首先，经济与环境是对立统一的辩证关系，良好的环境是经济健康发展的基础，环境能够为经济发展提供必要的物质基础，同时经济的发展会改变环境，一旦经济发展不当，环境问题便频发。其次，低碳经济的立足点是保护环境，即通过技术开发和制度创新从各方面降低碳排放，最终减少环境污染。而金融属于经济发展的绝对核心，在低碳经济背景下，绿色金融应运而生。发展低碳经济离不开绿色金融发展的支撑，同时低碳经济是绿色金融飞速发展的助推器。最后，绿色金融的发展离不开良好的制度保障和立法支撑，倡导低碳经济能够从核心理论层面为绿色金融的立法提供支持。

（二）绿色金融发展推动低碳经济的实现

可以通过政策性文件充分发挥金融机构的带头作用，引导社会机构和生产部门向低碳技术开发、实行低损耗高效率的绿色生产和管理机制的方向发展。比如，通过低碳企业优先上市、给予税收优惠等政策推动生产部门将资金投向低碳设施建设；出台具体的详细条文鼓励有条件的低碳企业通过资本市场进行融资。另外，还需要将清洁能源的重要性发挥出来并引起企业重视，包括太阳能、风能、水力发电、沼气生物能等技术的开发，都可以给予一定的政策支持，这样不仅可以快速推进绿色金融的发展，还能够推动低碳经济的实现。

在鼓励低碳技术创新和改良的过程中，还可以成立专门的基金会，用来奖励响应政策的企业或个人，或者通过基金的运作来赔偿在高碳排放和高污染排放环境中工作的受害人，逐步促进居民个人熟悉和接受绿色消费模式。

三、绿色金融的经济效益分析

发展绿色金融所涉及的经济效益主要可以分为两个层面，其一是宏观层面，其二是微观层面。宏观层面主要是从生态环境、社会经济、金融机构自身等方面进行分析；微观层面则主要从绿色金融所涉及的各企业的发展进行分析。

（一）宏观层面绿色金融的经济效益

绿色金融从宏观而言是促进可持续低碳经济发展的重要杠杆和手段，这已经在国际金融界的实践中得到了印证。从宏观上看，绿色金融的发展能够促进生态环境保护、实现经济绿色增长，最终促进社会、生态环境和经济的协调进步，实现经济的可持续发展目标。

通过宏观层面绿色金融的经济效益分析可以更加明晰绿色金融发展的大方向，如金融机构需要加大对绿色经济、循环经济、低碳经济等项目的支持，并重新细分和定位绿色金融产品。

比如，金融机构应该支持农业的全面转变，促进传统种植业向多种副业绿色经营转化；支持绿色农产品生产基地和绿色食品加工企业的建设，促成绿色产业链和产业群的形成；拓宽传统的信贷范围，向资源保护工程建设、生态保护、农业环境污染治理等方面靠拢。

又如，金融机构要加强监管力度，通过防范环境和社会风险来遏制向违法违规的企业提供信贷支持。一般而言，监管需要从机构转向功能，同时针对绿色金融服务的需求制定明确规定和要求，加强跨系统的管理，并强调行政手段的监管。

再如，金融机构需要明确绿色金融的服务方向和重点，先提升自身的环境和社会表现，然后整合低碳经济和循环经济的业务增长点，把握绿色金融的发展前景和路径，制定可持续发展的绿色信贷政策，将金融产品和服务的发展方向调整为与国家可持续发展战略一致。

政府层面应制定引导社会资金向绿色发展领域靠拢的财税政策。首先，对为环境违法违规项目发放贷款的金融机构实行责任追究和处罚措施；其次，对执行绿色信贷和环保政策的金融机构进行激励和奖励措施。

比如，政府要充分发挥信息时代的优势，加强信息共享平台建设，以引导资金投向绿色发展领域。可以通过洽谈会、对接会、协调会、项目推介会等多种形式强化绿色金融项目的推进。

（二）微观层面绿色金融的经济效益

从微观层面分析绿色金融的经济效益，主要考察的是企业的转型和升级。企业转型可以大体分为两种类型：一种是外生型转型，主要指的是行业转型，即企业由原本的单一行业转型为相关行业甚至跨行业经营，或者在相关产业链上下游进行延伸发展。这种转型模式最大的优势是能够分散风险。另一种是内生型转型，其涵盖的范畴更加广阔，包括管理转型、品牌转型、产品和市场转型、商业模式转型等。其中，管理转型包括改变原本的粗放式管理，转向精细管理模式；产品和市场转型包括推出新型产品、将外销市场转为内销市场等。

企业的转型和升级一方面需要企业家发挥主观能动性，自觉行动。比如，加大企业的研发力度和创新力度，加快技术追赶，打造属于自身的核心技术，通过绿色金融发展的红利促成转型和升级。另一方面需要政府的行动，为企业营造一个公平公正的市场环境。比如，政府要注重发挥市场在资源配置中的巨大作用，切实消除市场中的隐性壁垒，兑现市场准入政策；转变政府在经济管理工作中的定位，营造高效优质的亲商环境，确保企业转型顺畅且迅速；充分发挥社会舆论效能，积极引导鼓励绿色经营和绿色创业，完善扶持绿色创业的政策措施；在促进企业创新、支持企业发展方面，要改变过去特惠式财政政策，转向普惠式税收政策，切实降低契合绿色发展领域的企业和项目的税费负担，有效推动企业的转型发展。

第二章　多元化的绿色金融产品

第一节　绿色信贷的发展

随着全球各国工业化进程的推进，环境形势愈加严峻，生态文明建设、环保督察等措施已经受到各国重视。为了推动环境保护与经济增长协调发展，各国都已开始推动绿色金融的发展，很多绿色金融产品和服务已接连被推出。

这些产品和服务大体可以分为三大类：一类是直接支持绿色产业发展的金融产品，如绿色信贷、绿色债券、绿色基金、环保科技风险投资、涉及环保和节能减排的融资等；一类是商业银行所开发的与个人节能、个人保护环境相关的金融产品，如绿色信用卡、节能项目融资优惠利率贷款、环保汽车贷款优惠等；一类是有关碳排放权交易的内容，如碳排放权中介、碳排放权交易、碳排放信用担保、碳排放咨询和评估等。

中国绿色金融产品处于初步阶段，但发展极为迅速，绿色金融已经成为金融体系中的重要内容，很多金融机构都建立了较为健全的绿色信贷管理制度，也创新了绿色债券、绿色股票指数和相关产品、绿色发展基金、环境污染责任保险等产品。其中，绿色信贷是发展最早也较为成熟的一项绿色金融产品。

一、绿色信贷概述

绿色信贷就是银行业金融机构对具有环境正效应、能降低环境负效应的项目或企业提供对应的优惠利率和贷款支持的金融产品。其核心诉求是将环境问题、社会责任等纳入金融体系和贷款管理之中，以实现全民关注环境问题且承担相应责任。

（一）绿色信贷的基础

绿色信贷是从银行金融产品"信贷"的基础上派生出的一种金融机构借助

信贷手段加大对绿色发展的支持、防范环境风险、提升自身环境意识和社会表现的金融活动。

广义上的信贷是一种不同主体以借贷为表现形式的经济关系，其核心是依靠信用实现资金的借贷，价值运动以偿还和付息为主。通常由债权人贷出货币，债务人按期偿还并支付一定利息的信用活动，即通过转让资金使用权来获取收益并实现双赢。[1] 狭义上的信贷就是银行的贷款。

在金融体系之中，金融机构贷出货币资本以供给需要维持企业运营、扩大生产规模、开发新兴技术的企业，或供给需要资金的个体的货币资金流动行为，都是金融机构信用体系的基本运作模式（都属于信贷）。通过信贷行为，金融机构能够实现社会储蓄向货币资本的转变，一方面能够通过满足信贷资金的供和求实现货币资本在各阶层的盈余调节，另一方面能够满足企业或个体对货币资金的需求，实现资本的有效供给，从而加强货币资本的流通和能效。从此角度看，信贷其实是一种资本的市场配置行为，能够在一定程度上起到调控资本配置的作用。

绿色信贷就是从信贷基础上派生出的金融产品，主要是对企业的目标和个体的目标进行绿色评估，以确保资本市场对绿色发展进行关注、支持和靠拢，包括绿色经济、低碳经济、循环经济等各个方向。

（二）绿色信贷的表现形式和产品

绿色信贷通常有三种表现形式：一种是银行在贷款业务管理流程之中加入环境风险评价内容，以遏制环境负影响项目或企业的贷款。比如，对违反节能环保法律法规的项目或企业采取缓贷、停贷、提前收回贷款等措施，从而加强企业对环保节能和绿色发展的关注。一种是通过信贷工具支持节能环保项目，包括贷款的利率调整、额度调整、期限调整、品种调整等。一种是运用信贷手段引导企业向绿色发展领域靠拢，如督促企业在生产过程中履行环境和社会责任、防范环境风险、降低经营风险等。[2]

绿色信贷的产品和服务主要有两大类：一类是面向大型企业所提供的批发类市场业务，最主要的形式是项目融资，即通过绿色审核标准、节能环保法律法规等，辅以对应的优惠政策，促进大型企业开发绿色项目；另一类是面向个人或家庭或中小企业设计的零售类市场业务，形式多种多样，包括汽车贷款、绿色信用卡、住房抵押贷款、商业建筑贷款、房屋净值贷款等，以向民众普及

---

[1] 王波：《我国绿色金融发展的长效机制研究》，企业管理出版社，2019，第75-76页。
[2] 李晓西、夏光等：《中国绿色金融报告 2014》，中国金融出版社，2014，第50-52页。

绿色发展的意识。[①] 以下整理了国际上较具代表性的绿色信贷产品和服务，以供参考（表2-1）。

表2-1 国际绿色金融市场中的绿色信贷产品与服务

业务种类	绿色信贷产品或服务	金融机构	产品或服务内容
零售类市场业务	住房抵押贷款业务	荷兰银行	以政府为主导的绿色抵押贷款计划，可以为符合环保标准的抵押贷款减息1%
		加拿大帝国商业银行 加拿大蒙特利尔银行	若客户贷款用以购买节能住房或对住房进行节能改造，则对抵押贷款保险费提供10%溢价退款以及最长35年的延期分期付款
		澳大利亚本迪戈银行	推出了绿色房屋贷款，可以为符合区域要求的最低环境标准的住户安装特定节能减排装置，向改造的住房提供低利率贷款，贷款减息1.1%，且不收取月服务费
		加拿大温哥华城市银行	推出了家庭能源贷款，可以为节能升级装修房屋的家庭提供贷款，个人贷款的最高利率为1%，且延期分期付款最高长达15年
	房屋净值贷款业务	花旗集团	若客户贷款用于购买或安装住房的太阳能设备，则为客户提供房屋净值贷款融资方案
	商业建筑贷款业务	新能源银行	主要为商业建筑或多单位住宅建筑中的绿色项目提供贷款优惠
	绿色信用卡	美国银行	持有美国银行绿色信用卡的用户能够运用该卡的积分奖金捐献给投资温室气体减排的组织或项目，也可以用于兑换绿色商品，为绿色发展提供支持
		荷兰合作银行	该银行会根据用户使用气候信用卡购买的产品或服务的节能强度，按比例为世界自然基金会提供捐款
		英国巴克莱银行	该银行发行的呼吸卡能够在用户购买绿色产品和服务时提供优惠以及较低的借款利率，其中的50%信用卡利润会被用于资助全球减排项目
		汇丰银行	用户可以凭借绿色信用卡积分兑换的环保礼品，并捐出绿色信用卡签账额的0.1%用于绿色学校屋顶计划
	绿色汽车消费贷款	加拿大温哥华城市银行	推出了清洁空气汽车贷款项目，能够为所有低排放汽车车型提供优惠利率
		澳大利亚MECU银行	发行了一款开放式汽车贷款产品，名为"Go Green汽车贷款"，其不仅对市场上所有的车进行了能效和排放评估和分级，根据不同的分级设定了不同的贷款利率，要求贷款者通过种树吸收自家汽车的尾气排放
		澳大利亚本迪戈银行	推出了个人绿色汽车贷款，对于每公里排放低于130克二氧化碳的A级车辆,可享受固定利率6.79%（一般利率为7.21%）的贷款，同时为用户提供在线能源认证顾问

[①] 马骏、周秋月、殷红：《国际绿色金融发展与案例研究》，中国金融出版社，2017，第91页。

续 表

业务种类	绿色信贷产品或服务	金融机构	产品或服务内容
零售类市场业务	绿色能效贷款	美国新能源银行	与光伏技术供应商合作推出了一站式融资项目，为安装太阳能光伏设备的个人用户提供融资
		花旗银行	与光伏技术企业签署了联合营销协议，若用户购置民用太阳能技术，则给予便捷的融资服务
项目融资	废弃物再生能源融资项目	爱尔兰银行	该银行是废弃物再生能源项目融资的总协调银行，绿色融资项目的贷款最长为25年期，以项目与政府或支持非契约废弃物的企业等签订的废弃物合同为基础
	清洁能源融资项目	荷兰合作银行、富通银行、渣打银行、法国巴黎银行、西德意志银行等	多个银行推出了清洁能源项目的长期投资项目。比如，有些银行专门面向一种或多种可再生能源技术推出了融资服务，并鼓励与采用清洁技术的国家进行合作，兼有较为完善的清洁能源监管体系

二、绿色信贷发展历程

（一）西方国家绿色信贷的发展

20世纪70年代，环境问题对银行信贷业务的影响越来越大，很多西方银行受此影响损失惨重。在这样的背景下，绿色信贷应运而生。尤其进入21世纪之后，很多西方银行开始针对环境问题制定各种政策和标准，以汇丰银行为例，其2001年制定了集团环境政策，2002年发布了环境风险标准，2003年采纳了赤道原则，2005—2006年则制定了包括林业、能源、淡水净化、化工等多个行业的环境风险指引。美国绿色信贷的发展自20世纪70年代就已开始，并随着时间的推移，美国国会通过立法手段不断加强对污染场地清除、废物管理、大气污染、水环境等环境保护领域对应法律法规的制定，推动了绿色信贷的发展。

绿色信贷是在环境问题的政策和标准之中逐步发展而来的，因为欧洲多个国家属于老牌工业化国家，如英国、德国、荷兰、波兰等，所以生态环境的破坏对这些国家经济发展所造成的负面影响很早就已深入人心。在这样的国际环境下，这些国家的金融机构自然对依托世界银行的环境保护标准和国际金融公司的社会责任方针形成的"赤道原则"接纳度极高。

赤道原则首次将项目融资中的环境和社会标准数量化、具体化和明确化，为绿色信贷的形成和完善提供了扎实的理论基础和衡量标准。比如，巴克莱银行就遵循赤道原则并逐步建立了完善的社会和环境评估体系，其内部评级部门需要对投资项目的环境影响进行评估，还专门设置了部门来评估项目的潜在环境和社会风险，同时全程跟踪项目的环境影响。

在赤道原则的基础上，很多银行已经推出了极具代表性的绿色信贷项目，也在不断向全球范围进行普及和推广。比如，美国富国银行在2009年成立了全国清洁技术小组，以向清洁技术和能源节约项目提供专用贷款，包括风能、太阳能、电动汽车、绿色建筑、智能电网等多个行业。又如，美国新资源银行推行了专门为绿色建筑开发项目提供抵押贷款和保费减免优惠的绿色信贷产品。设有类似专门的绿色信贷部门的还有很多，包括荷兰合作银行、渣打银行、法国巴黎银行、花旗银行、英国巴克莱银行等。

（二）中国绿色信贷政策的发展

中国绿色信贷的发展相对较晚，至今依旧处于起步阶段，但其中绿色信贷政策的发展较为完备，因此对于低碳、节能、环保等具有突出外部性特征的产业有很好的约束和引导作用，只是在绿色信贷产品的创新和开发方面仍需完善。中国绿色信贷政策的发展主要分为三个阶段，至今已基本建立起绿色信贷政策体系，能够很好地为绿色信贷的发展提供扎实的政策支持。

第一个阶段是启蒙和意识苏醒阶段。1995年2月，工业发展所带来的环境问题得到政府关注，并第一次将环境因素纳入了政府政策之中，国家环境保护总局（现为生态环境部）发布了《国家环境保护总局关于运用信贷政策促进环境保护工作的通知》（以下简称《通知》）。《通知》中将信贷政策定义为促进环境保护工作的一项关键措施，并要求各环保部门将信贷政策作为环境保护参与经济发展综合决策的重要手段之一，同时确定了环保部门把控环境影响报告书审批的职责。

同年，央行积极响应政策要求，首次在信贷投放环节提出加强对环境保护的引导和约束，发布了《关于贯彻信贷政策与加强环境保护工作有关问题的通知》，要求各级金融部门在执行信贷工作过程中严格把控贷款审批、发放和监管，并将项目是否会落实防治污染及其他公害的设施建设作为贷款的必要条件之一。

在此阶段，环保部门和金融机构主管部门分别针对环境保护领域的信贷政策的执行提出了要求，不过此时政策的作用范围较窄，没有形成约束性强且覆盖面广的综合性政策，但已开始觉醒通过信贷政策对环境保护和绿色发展问题进行影响的思路，为后续绿色信贷的发展打下了坚实的基础。

第二个阶段是多部门合力推进阶段。经过十数年的发展，绿色信贷已经具备了一定的成效。2007年7月，《关于落实环保政策法规防范信贷风险的意见》，正式提出要加强环保和金融监管部门的合作联动性，以便强化环境监管并促进信贷安全，同时严格信贷管理，以支持环境保护。政策明确了不同部门（包括各级环境保护部门、人民银行、各级支行、各级银行监管部门、各商业银行等）在绿色信贷方面的具体职责，强调要通过加强对企业环境违法违规行为进行监督和经济制约，扭转企业环境守法成本高而违法成本低的状况，强势扭转企业重视环境保护。

同年11月，银监会（现为银保监会）发布了《关于印发〈节能减排授信工作指导意见〉的通知》，针对节能减排领域的授信政策和授信管理向金融机构提出了具体的要求，不仅提出要继续限制对污染和耗能问题严重却整改不力的企业授信、对列入落后生产能力名单的企业进行授信压缩，还首次罗列了信贷重点支持的12个项目种类，提出对节能减排政策落实和执行到位且积极的企业和项目优先给予授信支持。此通知是中国首次提出绿色信贷引导方式的政策。

此阶段的环保部门、金融机构等多个部委开始通力合作，不仅进一步明确了各部门的职能分工，还加强了针对具体领域的信贷政策安排。比如，在信贷政策内容方面，不仅继续对信贷准入条件进行限制、制定惩罚性机制，还首次明确了较为详细的信贷政策支持的领域和项目。这对引导企业提升环保意识、遵守环保政策法律法规有极大的促进，同时对信贷资本向节能环保、低碳低污染项目靠拢有积极的引导作用。

第三个阶段是全面发展阶段。2012年2月，《银监会关于印发绿色信贷指引的通知》首次明确提出了绿色信贷这一概念，并提出要将绿色信贷上升到银行业金融机构发展战略的高度，金融机构需要加大对绿色发展领域的支持，包括绿色经济、低碳经济、循环经济等，需要有效监测、识别、计量和控制信贷业务中所产生的环境和社会风险。

通知中明确了银监会对绿色信贷业务的监督管理职能，并对银行业金融机构应该如何开展绿色信贷业务提出了更加具体的要求，内容主要包括组织管理、政策制度和能力建设、流程管理、内控管理与信息披露、监督检查五个方面。

随后在2013年和2014年，银监会又相继发布了《中国银行业监督管理委员会关于报送绿色信贷统计表的通知》和《中国银监会办公厅关于印发〈绿色信贷实施情况关键评价指标〉的通知》，进一步完善了绿色信贷的信息收集机制和评价反馈机制，使绿色信贷的政策体系更加完善，形成了相应的基本构架。在成型的绿色信贷政策框架基础上，中国各商业银行与金融机构也开始围绕绿色信贷主题进行制度完善，不同的机构开始从不同的角度制定对应的绿色信贷业务规章，包括客户分级、资格准入、贷款流程、贷后管理等。

三、绿色信贷的内容和作用

（一）绿色信贷的主要内容

绿色信贷具有绿色资本供给和绿色资本配置的双重作用，主要包括绿色信贷政策和绿色信贷产品两个方面。

绿色信贷政策就是金融机构在进行绿色信贷投放过程中需要遵循的法律、法规、行业制度、部门规章等内容，目标是通过政策的引导和完善，在信贷的准入条件、审批模式、贷款投放、贷后管理流程体系中加入和生态环境相关的绿色环节，如环境评价、环境审核、社会责任审核等，以便保证绿色信贷涉及的资金真正用于绿色化行为。

通常，银行会通过利率补贴、利率优惠、延长还款期限、提高授信额度等对应内部政策来降低绿色融资成本，提高绿色融资的热情，从而引导信贷资本逐渐向绿色发展领域靠拢。

绿色信贷产品则是用来实现资本向绿色发展领域进行投放的金融产品和服务，不同的金融机构所开发的绿色金融产品有所不同。比如，兴业银行的合同环境服务融资、排污权抵押融资、合同能源管理项目未来收益权质押融资等；浦发银行的国际金融公司能效贷款；亚洲开发银行的建筑节能融资、国际碳保理融资等。

（二）绿色信贷的主要作用

不同的绿色信贷内容使绿色信贷所具备的双重作用的表现形式有所不同。绿色信贷政策和绿色信贷产品的作用机理分别如图2-1、图2-2所示。

第二章 多元化的绿色金融产品

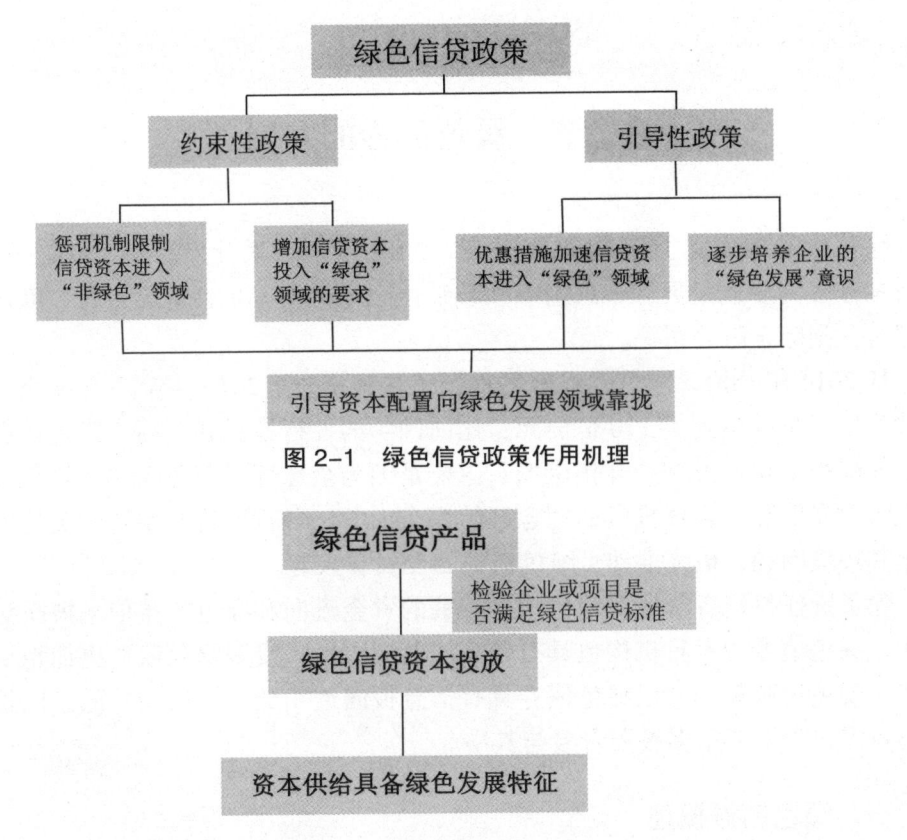

图 2-1 绿色信贷政策作用机理

图 2-2 绿色信贷产品作用机理

绿色信贷政策在整个绿色信贷体系中能够对资本配置进行调控，可以通过约束性政策限制信贷资本流向高污染高能耗的项目或企业，减少这类项目对环境和社会可能产生的负面影响，同时增加信贷投放的环境要求和社会保护要求，引导信贷资本向绿色发展领域引流；通过引导性政策加强绿色发展领域信贷的优惠力度和利好措施，可以引导企业和项目逐步形成绿色发展意识，从而影响市场对绿色发展领域更加关注。

绿色信贷产品属于绿色信贷实现绿色发展的主要方式，通过开发多样化的绿色信贷产品或服务，依托绿色信贷政策和标准来检验资金需求方能否满足绿色信贷标准，以此赋予信贷资本绿色化特征，实现绿色资本的供给。

总之，在绿色信贷政策和绿色信贷产品的双重作用下，必定能够实现绿色信贷的双重职能，最终形成以资本为核心、以绿色发展政策和标准为基础的绿色发展，达成支持绿色金融的目标。

第二节 绿色债券的发展

绿色债券在国际上于 2008 年首发，2012 年全球累计发行约 100 亿美元，发行主体多为多边发展性金融组织和政策性金融机构，包括世界银行、欧洲投资银行、国际金融公司等。

从 2014 年开始，绿色债券市场得到了快速增长，2016 年第一季度全球绿色债券发行量就达到了 170 亿美元，比前四年的发行量总和还高。绿色债券之所以能够得到快速发展并开拓市场，主要是因为全球环境资源问题所带来的投资风险愈发明显，责任投资的理念开始深入人心，各投资者开始持续关注气候变化和环境问题，最终推动了绿色债券的发展和兴起。

除了责任投资者群体对绿色债券相关的资金流向和绿色效益信息披露更加关注，绿色债券的发行机构也具有较高的信用级别，投资绿色债券更加稳妥或能够享受免税政策，所以绿色债券具有信息披露透明翔实、风险较低且回报稳健的特点，吸引了很多投资者参与其中。

一、绿色债券概述

（一）绿色债券的概念

绿色债券的相关概念在国际上并未实现统一，如国际资本市场协会（International Capital Market Association，ICMA）制定的《绿色债券原则》中将绿色债券解释为"一种债券工具，用以为具有环境可持续收益的项目筹集资金"。G20 绿色金融研究小组则在《G20 绿色金融综合报告》中将绿色债券定义为"为有环境效益的绿色项目提供融资的一种债务融资工具"。世界银行对绿色债券的定义则为"一种专门用来为气候或环境项目筹集资金的债务证券，其与普通债券的区别就在于其筹集的资金需专门应用于气候或环境项目"。

虽然绿色债券的相关概念未实现统一，但其核心异常清晰，就是为具有环境效益的绿色项目提供资金支持的融资工具。

（二）绿色债券的特点

其一，绿色债券是一种直接融资工具；其二，绿色债券的发行主体多数为政策性金融机构以及政府机构，或者从事环保、节能、低碳等领域的企业；其三,绿色债券的发行主体通常具有较高的信用评级,这就使其回报较为稳健;其四,发行绿色债券所筹集到的资金主要用于可持续发展、应对气候变换、加强环境保护等相关领域的绿色项目和产业,属于信息披露极为透明和清晰的金融产品。

二、绿色债券发展历程

(一)绿色债券的国际发展

全球第一支绿色债券是 2008 年由世界银行发行的,当时世界银行启动了发展和气候变化战略框架,以便刺激全球各国政府及私人行业共同应对气候变化。世界银行的绿色债券首发额度约 3.4 亿美元,这之后很多 AAA 级多边组织也开始发行绿色债券,如国际金融公司、欧洲投资银行等。

随着时间的推移,绿色债券在全球范围内得到了巨大的发展,尤其从 2013 年开始,全球市场中绿色债券的市场开始有更多类型的发行主体进行参与,其中包括政府、公共事业单位、商业银行、从事环保事业的大型企业等。

其中,国际金融公司在 2013 年发行了 10 亿美元绿色债券,以便支持发展中国家应对气候变化的项目;韩国进出口银行在 2013 年发行了 5 亿美元绿色债券,成为亚洲第一家发行绿色债券的企业;世界银行在 2013 年发行的 5.5 亿美元绿色债券很快被抢购一空,这支为期两年的绿色债券由 17 名投资者购买,其中多数投资者是支持气候友好型项目的资产管理机构;法国电力公司在 2013 年发行了约 19 亿美元的绿色债券,成为全球首家发行巨额绿色债券的大型公司,这支债券得到了两倍的超额认证,其投资资金主要用于提高能效、可再生能源结构调整等项目。

2014 年 3 月,全球第二大消费公司联合利华发行了约 4.15 亿美元的绿色债券,投资资金主要用于节能减排、温室气体排放和水资源利用等。其发行的绿色债券和法国电力公司作为附加选项发行的绿色债券不同,联合利华的绿色债券是其公司整体发展战略的重要部分,代表着公司开始将应对气候变化和可持续发展纳入战略布局的一个重要信号。

2014 年对于绿色债券市场而言是非常重要的一年,这一年多家参与发行绿色债券的银行自愿达成了行为守则框架,最终由 ICMA 制定并发布了《绿色债券原则》,提出了四项原则,即具备这四项原则的债券都归为绿色债券:第一项原则指明了募集资金的用途,即发行人需要在募集说明书等法律文件中适当描述募集资金的用途,确保所投资的绿色项目能够产生积极的环境效益,且这种效益可以被评估，并且在适当的情况下能够被量化。第二项原则确定了项目评估和筛选流程，即发行人应该披露筹集资金所投资的项目、符合绿色债券标准的具体依据，同时披露确定该投资项目的具体决策过程。第三项原则明确了筹集资金的管理，即发行人需要建立资金追溯管理制度，且需要设立专门的账户（或适当的方式）追溯资金的使用过程，同时建立内部验证流程，以确保资金被用于绿色项目。若发行人将闲置资金进行适当投资（非披露项目），则需要向投资者进行披露，以明确资金去向。第四项原则是实行报告机制，即发行人需要做到至少一年一次对外披露所募集的资金使用情况报告，内容需要包含资金投向的绿色项目清单、绿色项目的简要描述、资金的支出总额及预期影响等。①

《绿色债券原则》的发布为绿色债券的发行明确了标准，同时有越来越多的国家开始意识到绿色经济发展的重要性，如 2015 年全球 193 个国家联合制定了 17 个联合国可持续发展目标，同时签署了《巴黎协定》。在此背景下，绿色债券市场得到了快速的扩展，仅 2017 年全球绿色债券发行量就达到了 1 621 亿美元；2019 年，全球有 496 个发行人发行了绿色债券，总计发行量达到了 2 577 亿美元。

绿色债券的飞速发展令其内容呈现多元化发展的趋势，如发行主体、投资者、期限、评级、币种等开始多样化，市场的丰富推动了绿色债券的规范体系和标准体系不断发展和完善。

（二）中国绿色债券的发展

中国所发行的第一支绿色债券是 2015 年香港市场上发行的新疆金凤科技，发行总量为 3 亿美元；同年，中国农业银行在伦敦发行了 9.95 亿美元的双币种绿色债券，这不仅是中国商业银行发行的第一支绿色债券，还是中国第一支以人民币计价的绿色债券。

2016 年，中国市场首支绿色债券由兴业银行发行，发行总量为 100 亿元；同年，青岛银行发行了 40 亿元的绿色债券，成为第一个发行绿色债券的城市商业银行。

自绿色债券在中国市场首发，仅 2016 年中国市场的绿色债券的发行量就达到了 2 300 亿元（约 350 亿美元），占据全球绿色债券发行量的 40%（2016 年全球绿色债券发行总量为 872 亿美元）。可以说，绿色债券在中国市场的发

---

① 洪艳蓉：《绿色债券运作机制的国际规则与启示》，《法学》2017 年第 2 期。

展速度极为迅速，这和中国本身经济的迅速发展有巨大关系，也得益于较为完善的绿色债券政策体系。

国内有关绿色债券的政策文件在 2016 年就已较为完善，其中包括 2015 年 12 月央行发布的有关绿色金融债券发行的指南性文件《绿色金融债券公告（2015 年版）》；同年，中国金融学会绿色金融专业委员会编制了明确绿色债券项目范围的文件《绿色债券支持项目目录（2015 年版）》（表 2-2），同时国家发展改革委（发改委）发布了绿色企业债发行的指南文件《绿色债券发行指引（2015 年版）》（表 2-3）。

表 2-2 中国金融学会绿色金融专业委员会编制的《绿色债券支持项目目录（2015 年版）》纳入的环境效益显著项目

	一级分类		二级分类
	6 大类	项目目标	31 小类
《绿色债券支持项目目录（2015 年版）》	节能类	以高能效设施建设、节能技术改造等能效提升行动，实现单位产品或服务能源、水资源、原料等资源消耗降低，以及使资源消耗所产生的污染物、二氧化碳等温室气体排放下降	LED 照明 特高压电网 生物质发电 集中供热改造 可持续建筑建设 交通节能技术改造 通信节能技术改造 工业节能技术改造 低热值燃料供热发电 能源管理中心设施建设运营 有节能效益的城乡基础设施建设
	污染防治类	通过脱硫、脱硝、除尘、污水处理等设施建设以及其他类型环境综合治理行动，实现削减污染物排放，治理环境污染，保护、恢复及改善环境	煤炭洗选加工 煤炭分质分级利用 土壤污染治理及修复 城市黑臭水体综合整治 污水处理设施建设运营 污水处理副产污泥处理 矿山土地复垦与生态修复 大气污染物处理设施建设运营 城镇生活垃圾等固体废物处理 便于污染物处理的煤气化技术

续表

	一级分类		二级分类
	6大类	项目目标	31小类
《绿色债券支持项目目录（2015年版）》	资源节约与循环利用类	通过对尾矿、伴生矿的再开发利用，以及对各种废弃物资源的再生利用及再创造来提高资源利用率，以实现资源的节约，减少对环境的损害	工业节水技术改造 城市供水管网改造 农牧业节水灌溉工程 工农业生产废弃物利用 海绵城市配套设施建设运营 尾矿和伴生矿可再开发利用 水资源综合利用设施建设运营 非常规水源利用设施建设运营 再生资源回收加工及循环利用 废弃金属和非金属资源再生利用 机电产品再制造装置、设施建设运营 生物质废弃物资源化利用装置、设施建设运营
	清洁交通类	通过交通建设、交通装置建设、新能源汽车推广等行动降低交通中温室气体的排放和污染物的排放强度，实现节能减排的效益	水路交通船舶购置 水路交通航道整治 车用燃油产品生产 铁路线路设施建设运营 公共交通体系线路养护 交通领域互联网应用开发 专用供电变电站设施建设运营 高清洁性标准燃油生产装置建设 城乡公路运输公共客运车辆购置 城市地铁、轻轨等轨道交通设施建设运营 新能源汽车制造及配套服务设施建设运营 公共交通体系站点和线路配套设施建设运营 既有汽油、柴油生产装置清洁性标准提升改造
	清洁能源类	通过对可再生能源、清洁低碳能源的开发利用减少化石能源在开发、生产、消耗时所产生的污染物及二氧化碳	风能源开发利用 水能源开发利用 分布式能源项目 太阳能源开发利用 地热能源开发利用 海洋能源开发利用 天然气等清洁低碳能源项目 智能电网和能源互联网项目
	生态保护和适应气候变化类	通过生态修复、防控项目开发实现减灾防灾、保护生物多样性、改善生态环境质量、适应气候变化带来的影响等环境效益	植树造林项目 自然保护区建设 水土流失综合治理 森林抚育经营和保护 生态修复及灾害防控 生态农牧渔业基础设施建设

表 2-3 发改委《绿色债券发行指引（2015 年版）》政策中"适用范围和支持重点"的规定

	适用范围	支持重点
《绿色债券发行指引》规定	节能减排技术改造项目	绿色照明 电机系统能效提升 企业能效综合提升 余热暖民等余热余压利用 燃煤锅炉节能环保提升改造 燃煤电厂超低排放和节能改造
	绿色城镇化项目	建筑工业化 海绵城市建设 智慧城市建设 智能电网建设 绿色建筑发展 既有建筑节能改造 新能源汽车充电设施建设
	能源清洁高效利用项目	煤炭、石油等能源的高效清洁化利用
	新能源开发利用项目	水能开发利用 风能开发利用 核能开发利用 地热能开发利用 太阳能开发利用 海洋能开发利用 空气能开发利用 生物质能开发利用 浅层地温能开发利用
	循环经济发展项目	再制造产业 农业循环经济 废弃物资源化利用 产业园区循环化改造
	水资源节约与非常规水资源开发利用项目	节水改造 中水利用 海水（苦咸水）淡化
	污染防治项目	污水垃圾等环境基础设施建设 医废、危废、工业尾矿等处理处置 大气、水、土壤等突出环境问题治理

续 表

适用范围		支持重点
《绿色债券发行指引》规定	生态农林业项目	生态农业 有机农业 林下经济 森林旅游 特色经济林
	节能环保产业项目	合同能源管理 节能环保产业基地（园区）建设 节能环保重大装备、技术产业化
	低碳产业项目	低碳产品生产项目 低碳服务相关建设项目 低碳技术及相关装备的产业化
	生态文明先行示范实验项目	生态文明先行示范区的环境保护项目 生态文明先行示范区的生态建设项目 生态文明先行示范区的资源节约项目 生态文明先行示范区的循环经济发展项目
	低碳发展试点示范项目	低碳省市试点　碳管理平台建设项目 低碳城镇试点　低碳工业基础设施建设项目 低碳社区试点　低碳能源基础设施建设项目 低碳园区试点　低碳交通基础设施建设项目 　　　　　　　低碳建筑基础设施建设项目

在以上政策文件的基础上，不同的机构针对不同情况对绿色债券的规范发展制定了政策，如 2016 年中央国债登记结算有限公司发布的中国绿色债券指数，以及中国节能环保集团公司发布的中国绿色债券精选指数，就是通过跟踪中国绿色债券市场的发展得出的数据反映。

同时，根据《绿色债券支持项目目录（2015 年版）》，中国很多金融机构已经建立了包含公司债券、金融债券、企业债券在内的绿色债券发行引导政策体系，为绿色债券的发行项目选择和发行流程提供了专业指引，从而令中国绿色债券市场发展更顺畅。2019 年，中国绿色债券发行量达到 3 390 亿元（约 524 亿美元），占据全球绿色债券发行量的 18.9%，而且 2019 年全球有超过 30% 的绿色债券为绿色建筑领域，中国绿色债券中绿色建筑领域的占比仅为 3%，发展空间异常巨大；2021 年上半年，中国绿色债券半年的发行量达到 2 000 亿元。从 2015 年中国首支绿色债券发行至今，中国绿色债券总累计发行规模超过了 1.4 万亿元，该规模已经跻身世界绿色债券发行的前列。

三、绿色债券的优势和执行标准

（一）绿色债券的优势

绝大多数绿色投资项目尤其是绿色基础设施建设类项目周期都比较长，对于商业银行的经济效益来说，绿色投资项目所得到的回报无疑较差，所以商业银行基于资金流动性需要的考量，会习惯性地进行负债端周期较短的项目。这就使以中长期周期为主的绿色投资项目的发展受到限制。而绿色债券能很好地解决绿色项目融资过程中存在的期限错配问题。

贴标绿色债券的平均期限为5—10年，能够很好地满足长期绿色项目的投资和发展需求，在一定程度上缓解绿色项目融资过程中的期限错配问题。和普通的股权融资方式相比，绿色债券能够在不改变融资主体结构和收益分配结构的基础上获得较低成本的融资，所以对投资者来说兑付风险也较低。

（二）绿色债券的执行标准

绿色债券的融资过程中常运用绿色项目的识别和筛选技术，且随着绿色债券支持项目的明晰，绿色债券的认定标准内容更加明确、流程操作性更强，所以能够确保绿色债券投资的项目具备环境和社会正向效益，有益于绿色发展领域的快速推进，也能加速绿色化标准的传播。

中国主要运用的绿色债券认定标准主要是前面介绍的《绿色债券发行指引》和《绿色债券支持项目目录》，而在全球范围内主要采纳的标准是由 ICMA 发布的《绿色债券原则》和气候债券倡议组织（CBI）发布的《气候债券原则》。

《绿色债券原则》规定的绿色债券募集资金的投资项目主要有九类：节能类、污染防治类、清洁交通类、适应气候变化类、可持续自然资源管理类、可持续水资源管理类、生物多样性保护类、生态高效产品和技术及工艺领域。同时，《绿色债券原则》针对项目评估、项目选择流程、募集资金管理、年度信息披露等内容提出了指导性意见，鼓励发行人通过第三方机构获取各种意见，以作为外部审查意见补充。另外，其极为注重绿色债券发行过程中的信息公开和披露，以确保绿色债券市场能够在群策群力中进一步得到完善和发展。

《气候债券原则》中认可的绿色项目类型最大的特色是排除了所有与化石燃料相关的内容，其项目包括风能、太阳能、水资源、地热能、生物质能、低碳建筑、低碳运输、快速公交系统、农林、废弃物管理、工业能效和其他可再生能源、基础设施环境适应力等。《气候债券原则》由 CBI 于 2011 年发布，除以上的项目类型之外，还匹配有对应的绿色债券发行指南，为发行人、投资者、审核人提供绿色债券相关工作的指南。另外，其还涉及一套匹配的认证审核流程。

该流程有两个阶段，分为发行前的认证流程和发行后的认证流程。发行前的认证流程如下：发行人准备认证，发行人提供信息表初稿，CBI 审核者进行准备程度评估，之后发行人要提交更新后的信息表和审核报告，最后由 CBI 标准委员会确认发行前债券认证。发行后的认证流程如下：发行人终止债券认购并发行债券，将募集的资金分配到匹配的项目上，之后审核者对资金流进行审核，发行人提交更新后的信息表和审核报告，最后由 CBI 标准委员会确认气候债券认证。

第三节　绿色基金的发展

一、绿色基金概述

（一）绿色基金的内涵

绿色基金属于一种专项投资基金，专门针对低碳经济发展、节能减排项目、环境优化和改造项目等的建立，最核心的目标是通过资本引入来促进节能减排战略的推进。绿色基金集合了各投资方在资金、政策、资源、技术和信息、人才方面的优势，通过股权投资的方式参与企业绿色发展项目的经营运作，为项目提供所需要的财务指导和运营指导，以便项目能够顺畅发展。通常，在投资初期就已经规划好了后期项目的退出方式（通过证券市场转让股权获取收入并退出项目），所以具有非常完善的发展潜力和市场运作机制。

绿色基金是绿色项目融资的重要手段，也是绿色金融工具的重要创新，可以根据不同绿色项目的融资需求创新出不同的绿色基金种类。绿色基金平台中拥有各种融资手段和融资工具，不仅可以通过不同的融资手段和工具组合降低绿色项目的融资风险和成本，还可以集合技术创新以及商业模式的创新，促使绿色项目通过创新手段获得产业链的延伸以及提高项目的盈利能力，最终令原本盈利空间无法达到市场化要求的项目获得提升并走上市场。

（二）绿色基金的主导金融机构

绿色基金发端于美国，早在 20 世纪 70 年代就掀起了声势浩大的环保运动，环境问题受到欧美国家关注后，美国于 1982 年诞生了世界上第一支将环境指标纳入考核标准的绿色基金，之后欧洲国家纷纷发行绿色基金。发展至今，绿色基金主导的金融机构依旧是一些国际知名金融集团。

1997年，瑞士联合银行发起了生态绩效股票投资基金，运作4年的时间资产总额约2.5亿美元，成了当时全球规模最大的绿色基金之一，这批绿色基金有八成被用于生态和社会领域发展优秀的企业，有两成被用于生态领域创新型企业。

世界资源研究所和花旗银行在1999年合作成立的新风险投资基金，从成立之初就专注新兴市场经济体（包括中国、印度、巴西、哥伦比亚、墨西哥、印度尼西亚等）的中小企业的绿色项目，在之后十余年时间内，该基金帮助数百个产生明显环境效益的中小企业得到了数亿美元的风险融资，推动了这些企业的绿色项目发展；到2012年累积保护了耕地450万公顷、节约水资源和净化水资源57亿升、减少二氧化碳排放330万吨，为全球环境的可持续发展做出了巨大贡献。

气候变化资本集团同样从事全方位的绿色产业投融资，其私募股权部门规定仅对500万—2 000万欧元规模的企业进行项目投资，且项目限制在垃圾处理、能源效率、绿色交通和清洁能源等方面。

绿色基金在中国的发展较晚，随着中国绿色金融市场的发展而兴起。2010年，中国绿色碳汇基金会（前身为2007年成立的中国绿色碳基金）成立，这是中国首家以增汇减排、应对气候变化为目的的全国性公募基金会。2011年，国务院发布的《国务院关于加强环境保护重点工作的意见》中提出："鼓励多渠道建立环保产业发展基金，拓宽环保产业发展融资渠道"，从政策层面为绿色基金的发展提供了支持。

2015年，中美绿色基金成立，这是2015年9月习近平同志访美期间中美政商两界共同倡导建议设立的纯市场化的绿色引导性基金，主要目的是通过中美跨境创新合作将中国巨大的市场容量和迅速商业化的能力与美国绿色技术、产品和服务有机结合，促进中国经济的绿色可持续性发展。

2019年，作为第二届"一带一路"国际合作高峰论坛官方成果的光大绿色基金成立，打造了国内首个完整采用ESG标准的股权投资基金。

2020年，国家绿色发展基金成立，其将投资重点放在了污染治理、生态修复、国土空间绿化、能源资源节约利用、绿色交通、清洁能源等领域。

二、绿色基金的主要模式

绿色基金所投资的项目通常具备节能环保的特性，也具有较高的科技含量以及良好的回报前景。绿色基金的种类很多，不同类型的绿色基金在发起设立方式、资金募集方式、基金投向以及基金管理模式方面有所不同，其中基金的发起主体和发起方式的不同决定了后面三项内容也会有差异。

（一）国外绿色基金产品介绍

国外绿色金融市场的绿色基金产品分类如表 2-4 所示。

表 2-4　国外金融市场中的绿色基金产品概览

绿色基金产品	金融机构	绿色基金产品内容
财政绿色基金	荷兰银行 荷兰 ASN 银行 荷兰 Triodos 银行 荷兰邮政储蓄银行	由荷兰多家银行机构在政府支持下推出的绿色基金产品，投资者享受免缴资本收益税和所得税优惠政策，从而获得较低的投资利率，银行则以较低的成本为绿色环保项目提供绿色贷款
巨灾债券基金	瑞士瑞信银行	该基金是全球首支巨灾债券类的公共基金，是传统保险市场很难承保的气候风险类项目的对冲工具，基金的一部分投资对象是和气候适应或气候自然灾难相关的项目
生态绩效股票型基金	瑞士联合银行	这是全球最大的绿色基金，其中有八成资金会投向生态及社会领导企业，两成资金则投向生态创新项目
未来能源股票型基金	瑞士联合银行	该基金主要关注的是与四个清洁能源（太阳能、风能、地热能、水能等）相关的市场项目投资
私募股权投资类基金	美国银行	该基金是私募股权形式的基金，侧重生态多样性保护和森林保护项目，可以向非营利性组织提供贷款利率100%的优惠融资，以供给组织购买生物敏感性土地、实施可持续森林保护实践和管理，推行绿色产业发展
	花旗集团	该基金同样是私募股权形式的基金，主要侧重可持续发展投资计划，包括风能、太阳能、生物燃料等方面的项目

（二）中国金融市场中的绿色基金产品

根据绿色基金的发起设立方式，中国的绿色基金可以分为四种主要模式，分别是绿色产业引导基金、绿色产业并购基金、绿色产业发展基金和 PPP 绿色项目基金。

1. 绿色产业引导基金

绿色产业引导基金是由政府发起的一种引导性基金，其投向偏向具有公益性、具有长远意义、具有重大意义的各种绿色关键技术和绿色关键领域，投资回报期较长且风险较大。最主要的目的是引导和撬动社会资本，以推动对绿色发展有重要意义和长远意义的绿色产业的发展。

绿色产业引导基金属于产业投资基金的一种。产业投资基金在发改委发布的《产业投资基金管理暂行办法》中是一种只能投资于未上市企业，基金投向项目领域内的资本比例不得低于基金资产总值60%，通过股权投资及提供经营管理指导服务，来实现利益共享、风险分担的投资制度。

前面提到的2020年成立的国家绿色发展基金就属于绿色产业引导基金，其由政府主导并对绿色金融市场进行引导。在此基础上，地方政府也在筹备或设立绿色产业引导基金，以推动绿色产业的发展。

作为产业投资基金，绿色产业引导基金同样有扶强不扶弱的特点，虽然有政府加入进行投资方向引导，但作为市场化基金最终的目的依旧是通过对项目的扶持获得收益。在这个过程中，政府最主要的作用是引导，即只要符合标准的项目中有60%以上的资金会投入绿色发展领域，就符合绿色产业引导基金的要求。绿色发展领域有多种项目，其收益率也有所不同，即使同类项目也会有强势企业和弱势企业，因此绿色产业引导基金同样需要在全国范围内寻找收益率较好且拥有发展潜力的企业或项目，政府在此过程中需要引导基金将绿色发展领域的企业或项目扶持为具有核心技术的产业。

2. 绿色产业并购基金

绿色产业并购基金也可以称为绿色PE/VC基金，属于一种私募股权投资业务形式，与上面所说的绿色产业引导基金对应，其发起人主要是私人或金融机构，因此该基金的运作模式采取完全市场化的"募投管退"运作方式。绿色产业并购基金选择的投资对象多数为成熟的上市企业的绿色项目，可以根据上市企业的绿色项目特点和需求，通过基金为项目进行产业链纵向延伸或同行业横向整合，这不仅能够提高企业的核心竞争力，还能通过市场化手段促使绿色产业资源向优势企业靠拢，以更快地推动绿色项目的发展。

另外，此类基金采用的是完全市场化的管理模式，投资项目通常具有良好的发展潜力，且基金可以借助上市公司既有资源进行管理和运作，并以上市公司平台作为退出渠道，所以不受新股发行的影响，具有良好且稳定的项目收益，因此更利于吸引民间资金，从而引导民间资本关注和支持绿色产业的发展。

随着生态环境保护"十四五"规划以及"大气十条""水十条""土十条"的落地实施，整个资本市场对环保产业的投资前景十分看好，环保重资产行业的快速发展激发了绿色产业并购重组的高度需求。在这样的背景下，绿色产业并购基金的发展开始步入正轨。目前，国内的绿色环保产业并购基金多数采用的是上市公司加 PE 模式（私募股权投资模式），这种模式在商业模式、技术、融资方面具有很大的优势，比 VC 模式（风险投资模式）回报更加稳定、风险更低。现如今，已经有数十家上市公司宣布成立绿色环保产业并购基金，如红杉中国携手远景科技集团成立的碳中和技术基金，总规模达到 100 亿，将重点投资和培育全球碳中和领域的领先科技企业。这种发展方向为推出国际领先优势的环保企业奠定了扎实的需求基础和资金基础，能够快速推进绿色产业的发展。

3. 绿色产业发展基金

绿色产业发展基金主要由大型企业集团设立，通常会以绿色产业发展的总体目标为方向，投资行为则会和企业自身的业务发展紧密联系，一般会选择符合企业自身战略发展方向的绿色产业和项目进行投资孵化或并购。

这种基金模式一方面是企业发展战略的完善，即布局绿色产业、契合绿色发展理念，另一方面是承担和履行社会责任的重要表现，有助于提高企业的社会声誉。

大型企业集团通常具有非常完善的产业整合平台和强大的资本运作能力，因此其投资的绿色产业项目退出渠道也更加通畅，不仅投资回报非常稳定，投资风险也较低，还能够提升社会声誉、促进企业享有社会口碑。最具代表性的是前面提到的 2019 年光大绿色基金的成立，其由光大控股发起，投资方向主要为绿色能源、绿色指导、绿色环境和绿色生活四个领域。

4. PPP 绿色项目基金

PPP 模式前面已经简单介绍，其最主要的特性是政府可以通过此模式将部分政府责任以特许经营权的方式转移给社会资本，从而促使政府和社会资本建立共同承担风险、共享获取利益、全程深入合作的共同体关系。这样一来，既可以减轻政府财政负担，又会降低社会资本的投资风险。

PPP 绿色项目基金就是以 PPP 模式投资单一环保基础建设项目或若干环保基础建设项目。因为环保基础建设项目具有投资规模大、持续性强等特点，所以融资需求无法单独依靠政府解决，而通过 PPP 模式引导社会资本参与项目投资、建设和运营能够起到双方共赢的效果。

在 PPP 绿色项目基金中有一种发展较快的基金模式，即 PPP 区域绿色项目基金，这是一种能够将区域内所有绿色目标项目打包为大型区域 PPP 项目的基金，其好处是能够通过产业链延伸、技术创新、区域资源整合等方式纳入一些收益较低甚至无收益的特别项目，从而整体进行项目推进，使原本低利润的项目转化为满足市场利润需求的项目。①

比如，在绿色城市建设过程中，城市绿化和城市公园建设的融资通常比较困难，因为其偏向公益性项目，收益较低。在这种情况下，城市管理者就可以在与开发商签署区域开发合同时，将整个区域内的公共设施建设一同打包签署，以此作为开发商获取区域公共设施开发许可的条件。开发商签署合同后，会获得少量政府财政支持，自身也需要付出大量资金来打造区域内的公共设施，毕竟区域公共设施的好坏与开发商主体开发项目的收益息息相关。但PPP区域绿色项目基金也有一定的限制，如其仅为某区域的绿色PPP项目融资，不能在全国范围选择项目。②

PPP模式被引入绿色产业基金中，不仅能够保持政府的引导作用，还可以通过政府的参与为绿色项目隐性增信，从而更容易吸引社会资金参与。目前，市场化程度较高的绿色发展领域主要包括垃圾焚烧、生态修复、污水处理等，虽然这类绿色项目都具有公益性强、投资期限长、投资利润较低的特点，但其现金流相对稳定，加之政府的参与，整体风险较低。相信随着探索的深入，会有更多样更具创新性的PPP绿色项目基金形式被开发出来。

第四节 绿色保险的发展

绿色保险也被称为生态保险，是一种在市场经济背景下进行环境风险管理的基本手段，通常指的是与环境风险管理相关的各种保险，其实质内容是将保险作为一种保障可持续发展的金融工具来应对与环境相关的一系列问题。通俗理解就是一种通过市场化手段实现环境风险保障、分摊、补偿的制度。

一、绿色保险概述

绿色保险根据不同的针对方向有多种类型，其中起源最早也最重要的就是环境污染责任保险，后续随着绿色产业的发展，多种与环境风险相关的绿色保险层出不穷，包括促进可再生能源发展的天气指数保险、支持绿色建筑标准的

---

① 蓝虹、刘朝晖：《PPP创新模式：PPP环保产业基金》，《环境保护》2015年第2期。
② 胡蓉：《PPP环保产业基金的应用研究》，《经济师》2020年第2期。

绿色物业保险、帮助农民管理自然风险对生产影响的农业保险、倡导环境健康出行的绿色车险等。

（一）环境污染责任保险

环境污染责任保险是一种以企业发生污染事故，对环境和第三者造成损害后，依法应该承担的赔偿责任为标准的保险。环境污染责任保险也被称为绿色保险，属于一种分担环境污染风险、分摊污染事故责任、赔偿损害他人环境利益的保险。

虽然环境污染责任保险具有一定的理赔功能，但是相对环境的破坏和污染乃至对生命健康的危害，理赔所能起到的作用微乎其微，因此从环境角度而言，环境污染责任保险最大的作用是给企业、社会乃至人类带来警示，以便企业和个人能够避免环境污染事故的发生。

（二）可再生能源项目保险

可持续可再生能源主要有太阳能、风能、水能、生物能、沼气、废物利用、燃料电池等。通常，针对这些能源进行的开发和生产项目会受到一定因素的影响。为了减少这些因素对可再生能源项目造成的损失，对应的绿色保险就诞生了。

可再生能源项目保险可以细分为天气指数保险、开工延误保险、公众责任保险、业务中断保险、场所污染保险等，能够针对不同的影响因素提供保险保障。比如，太阳能是一种清洁可再生能源，具有环保持久的特点，但太阳能电站的发电量受到太阳辐射的影响，因此出现特定自然因素时很容易影响发电厂的发电量，从而影响企业的发展和资金运转。这种不确定性很容易打击企业的开发热情。针对这一情况，瑞士再保险公司为太阳能领域制定了太阳能辐射指数保险，通过对太阳辐射指数的分级来分摊投资者的风险，以促进太阳能领域的发展。

（三）巨灾保险

巨灾保险主要指的是由于自然灾害或人为灾害造成巨大经济损失和严重人员伤亡的一种分散风险和补偿损失的绿色保险。一般情况下，发生巨大灾害后，一个地域乃至国家通常需要数年时间才能完全恢复，不仅影响经济的发展，还会造成民众的生命损伤。

国家和社会在理论上不会为了无法预见的灾难去积累特定的资本，因为这属于资金的闲置，不仅会导致现有资源浪费，还会影响生产发展效率。巨灾保险则能够应对这种不可预见的灾难性损失，虽然巨灾保险的补偿不会完全弥补灾难造成的损失，但其经济效益、补偿程度、社会化程度都比政府补偿机制高，如发生灾难时，不仅能够获得国内保险公司的经济补偿，还能从国外保险公司、再保险公司甚至资本市场获得补偿。

（四）绿色出行车险

绿色出行车险是保险公司通过将车险保费与汽车行驶里程挂钩的方式，以保费折扣来鼓励民众减少汽车使用而进行绿色出行的一种绿色保险。其目标是减少汽车使用并引导民众绿色出行，减少汽车尾气排放对环境造成的污染。

比如，日本爱和谊保险公司在2004年开发的跨时代保险PAYD（Pay As You Drive），其保费由每月定额基本保费和行驶里程保费两部分构成，基本保费不变，行驶里程保费则会根据每个月投保者的实际行驶里程变动。又如，英国英杰华推出的混合动力车优惠车险就是主要针对混合动力车型推出的一种优惠保险，用以减少燃油汽车的出行。

（五）农业保险

农业活动是人类发展过程中非常重要的一项内容，但会受到自然气候与农业灾害的影响。在这样的背景下，农业保险应运而生，其主要目的是帮助客户减少因气候变化导致的自然灾害对农业生产的影响。

保险公司可以通过为客户提供全球天气保险指数产品来实现农业生产保障，保护其不会因为不利天气状况而遭受生产损害或损失。其中，根据不同的自然灾害可以开发出多种险种，如雨雹保险、印度的农作物气候指数保险、干旱指数保险、加勒比群岛推出的飓风指数保险、孟加拉国推出的洪水指数保险等。

中国是农业大国，地域广阔且地理环境迥异，所以农业灾害种类多样，发生率也较高，如2004年中国受到自然灾害影响的农作物面积达到了3.7万公顷，占农作物播种面积的24%。基于此，中国在2004年正式启动了政策性农业保险，并在2007年进行了改革，之后十年中国农业保险取得了突飞猛进的发展（表2-5）。

表2-5　2007—2017年中央财政救灾支出和农业保险保障对比表[①]

年　份	自然灾害直接经济损失/亿元	中央财政救灾支出/亿元	农业保险保费补贴/亿元	农业保险风险保障额/亿元	农业保险赔款支出/亿元	传统救灾补偿比重/%	农业保险赔款补偿比重/%
2007	2 363	49.9	20.2	1 720	28.95	2.11	0.85

---

① 姚宁：《我国绿色保险发展研究》，硕士学位论文，云南大学，2019，第38页。

续表

年 份	自然灾害直接经济损失/亿元	中央财政救灾支出/亿元	农业保险保费补贴/亿元	农业保险风险保障额/亿元	农业保险赔款支出/亿元	传统救灾补偿比重/%	农业保险赔款补偿比重/%
2008	11 752.4	478.4	42.1	2 397	64.14	4.07	0.36
2009	2 523.7	174.7	51.2	3 812	95.18	6.92	2.03
2010	5 339.9	103.7	52.1	3 943	95.96	1.94	0.98
2011	3 096.4	84	66.7	6 523	81.8	2.71	2.15
2012	4 185.5	112.7	128.12	9 127	148.2	2.69	3.06
2013	5 808.4	101.9	126.88	13 869	208.6	1.75	2.18
2014	3 373.8	96.3	128.94	16 320	214.57	2.85	3.82
2015	2 704.1	94.6	147.05	19 100	237.1	3.5	5.44
2016	5 032.9	79.1	158.3	21 600	299.2	1.57	3.15
2017	3 018.7	72.4	179.04	27 900	333.4	2.4	5.93

从上述对比表中可以看出，除2008年中国汶川地震灾害年中央财政救灾支出较高外，其他各年中央财政救灾支出较为平均，而且从2012年开始出现了递减趋势；农业保险保费补偿则呈现出稳步增长的态势，从2012年之后农业保险赔款的额度开始大于中央财政救灾支出，且差额不断增大。这就说明农业保险对农业损失的补偿作用正在逐步替代中央财政救灾支出，这不但能够提升中央财政资金的利用效率，而且随着农业保险的稳步发展，农业保险保费补偿将会覆盖绝大多数农业风险，从而减少农产业的自然灾害损失。

（六）海运绿色保险

海洋运输是人类发展过程中非常重要的运输手段，其一般也会带来各种各样的环境影响，如二氧化碳、二氧化硫、微粒物质、氮氧化物排放，如含油污水、臭氧层消耗物质、货物残留物污染等。保险公司开发的针对海运的保险产品和服务有助于直接和间接减少温室气体排放及污染物排放。比如，安达保险就推出了针对海运的环境污染责任险。

（七）其他绿色保险

除了以上各种绿色保险外，随着绿色保险产品的不断开发创新，也逐步出现了其他以创新方式应对绿色项目相关风险的保险。其包含的范围更加广泛，如电子设备保险、节能电器保险、供暖和冷却系统保险、内部排水系统和照明设施保险、低挥发性有机化合物（底漆、油漆、面漆、溶剂、黏结剂等）保险等。

相信随着不断创新，绿色保险产品的种类会越来越丰富，这必然会逐步引导全民向绿色发展方向靠拢。比如，绿色物业保险能够在现有建筑发生损失的情况下，为希望以更加绿色的标准重新进行建设的企业提供资金保障，从而推动建筑业向更加绿色的方向发展。

二、绿色保险发展历程

绿色保险的发展主要针对的是工业化进程带来的环境污染问题，因此绿色保险在欧美国家起步较早。早在20世纪60年代，欧美工业化进程的大跨步前进使各国面临的环境污染问题日益严重，因此欧美各国开始相继立法，以加强企业的环境风险管理，并在之后的数十年不断完善各项和环境风险相关的法律法规。

（一）欧美国家的绿色保险发展

1. 欧美国家绿色保险的起源之路

从20世纪60年代起，美国就开始有针对性地推出与环境风险相关的保险，最初推出的是有毒物质和废弃物处理可能引发的损害责任相关的强制责任保险；1966年又根据投保人的需求采用了基于实际发生损失的标准环境责任险保单。[1]20世纪70—80年代，英国也相应出现了基于环境损害责任的环境污染责任保险保单。

1988年，美国成立了全球第一家专业的环境保险公司，同年开具了第一张环境污染责任保险保单。

1990年，德国通过了《环境责任法案》，并在政策中制定了与环境风险相关的多个行业必须和保险公司签订保险合同的规定。

2004年，欧洲议会和欧洲理事会发布了《关于预防和补救环境损害的环境责任指令》，提出要在遵循污染者付费的原则基础上，为环境污染行为设计保险和其他金融担保类产品。[2]

随着环境风险问题日益严重，企业面临的环境责任也不断攀升。作为一种

---

[1] 林芳惠、苏祖鹏：《美国环境责任保险制度对我国的启示》，《水土保持科技情报》2005年第5期。
[2] 王轩：《欧盟〈关于预防和补救环境损害的环境责任指令〉》，《国际商法论丛》2008年第1期。

能够加强环境风险管理和有效降低环境污染造成的不良影响的金融工具,环境污染责任保险开始在欧美各国推出并快速发展。在这之后的几十年间,欧美国家的绿色保险针对出现的各种环境风险不断进行完善,并逐渐发展成熟。

2. 欧美国家绿色保险的发展背景分析

绿色保险得以快速发展并成熟,除了环境问题不断出现之外,还离不开三个主要因素。

其一是严格的环境立法。这是环境污染责任保险发展的前提和基础。其最主要的作用就是通过法律对环境责任进行严格规范,并制定相对应的操作细节以规范惩罚机制。不断攀升的环境责任风险令企业难以独立承担,因此企业对环境污染责任保险的需求开始大幅提高,最终促进了环境污染责任保险的推出和发展。

当然,不同国家的不同环境状况使环境污染责任保险的演变和发展有所差异。比如,美国的《综合环境反应、补偿与责任法》(又称《超级基金法》)对相关企业环境责任的偿付能力有强制要求,即需要可能导致环境污染的企业具备承担环境责任风险的能力,这无疑推动了环境污染责任保险的快速发展;欧洲各国制定的《欧盟环境责任指令》则主要是纲领性指引类政策,欧盟各国可以根据自身不同的现实情况决定是否强制企业承担环境风险。

其二是带有强制特征的环境风险机制对绿色保险的发展非常重要。美国在法律条文中要求特定行业的企业必须运用金融保障方式来满足保护环境和应对环境风险的资金需求,绿色保险自然就成了企业的最佳选择。虽然欧盟各国并未完全提出强制性要求,但多数欧盟国家的政策有很大的强制特征,如德国并未强制企业投保环境污染责任保险,但其法律条文中的根源防治原则要求的是只有企业满足监管对其进行环境治理能力的评估之后才能得到经营许可,企业为了能够提高自身的抗环境风险的能力,自然需要通过投保绿色保险进行风险分担,这无疑加速了绿色保险的发展。

其三是多方合作架构而成的绿色发展行业标准对绿色保险的发展起到了推动作用。对于企业抗环境风险能力的评估,除了监管机构之外,还会有对应的机构设定更加完善和统一的行业标准。比如,德国保险业协会和德国工业联合会在构建具体的环境污染责任保险合同方面进行了深入合作,保险业协会主要代表了保险业的利益,所以会向联邦金融监管局反馈行业的观点和需求;工业协会则代表着工业发展的利益,制定合同过程中保险业协会将向其传达服务信息和消费者信息,以确保行业发展方向正确。两者的合作会令环境污染责任保险合同更具成本优势和专业优势。

（二）中国绿色保险的发展

中国绿色保险的发展相比欧美较晚。20世纪90年代，中国保险业先后在中国东北地区的大连、沈阳、长春、吉林等城市开展了环境污染责任保险试点，主要方向是针对海洋石油勘探与开发的企业、事业单位和作业者，但并未得到快速的发展。

2006年，国务院发布了《国务院关于保险业改革发展的若干意见》，其中明确提出了要支持环境责任保险的发展，这意味着中国环境责任保险进入试点发展阶段。

2007年，《关于环境污染责任保险工作的指导意见》发布；2013年，《关于开展环境污染强制责任保险试点工作的指导意见》发布，其中指出要在15个省市试点，针对石油化工和重金属等高环境风险行业推行环境污染强制责任保险，首次对环境风险系数较高的行业进行强制绿色参保。

2014年，《中华人民共和国环境保护法》在修订中新增了"国家鼓励投保环境污染责任保险"的明确规定。同年，国务院印发了《国务院关于加快发展现代保险服务业的若干意见》，明确提出要将环境污染领域作为责任保险发展的重点方向。

2015年，中共中央、国务院出台了《生态文明体制改革总体方案》，环境污染强制责任保险制度的建立被提上日程。

2016年，包括央行在内的七大部委联合发布了《关于建立绿色金融体系的指导意见》，提出要在环境高风险地区推行环境污染强制责任保险制度，并鼓励保险机构在环境风险防范中发挥自身的专业性作用。

2017年，随着《环境污染强制责任保险管理办法（征求意见稿）》的出台，各地开始积极完善环境污染责任保险制度、行业标准、赔偿范围、投保程序等内容。在环境污染责任保险的相关制度不断完善过程中，中国范围内环境污染责任保险市场发展迅速，如2016年环境污染责任保险保费为2.84亿元，可以提供环境污染风险保障263.73亿元；2017年环境污染责任保险保费突破3亿元。

三、绿色保险的作用机制

绿色保险的服务过程主要有三个阶段，以环境污染责任保险为例，可以分为事前评估、事中监督、事后保障。

（一）事前评估阶段

环境污染责任保险的承保并非没有条件。在承保之前，投保企业的生产流程、生产方法、生产设备等都需要符合保险公司所遵循的环境保护标准，保险公司会对企业的环境风险管理水平进行判断，并通过环境风险量化以及环境风险差异性来调整保险费率。

这样的评估方式能够将企业产生环境污染的负外部性成本内化为企业自身的经营成本，通过提高企业产生环境污染造成的成本引导企业减少高污染、高能耗项目和产业，最终推动企业向绿色发展领域靠拢。

（二）事中监督阶段

保险公司若要在合同期内对被保险人的环境风险事项进行全面反映，就需要对企业经营过程有足够的了解，对企业的经营行为进行持续监督并针对性地对可能存在环境风险的行为提出对应的改进建议，确保合同期内双方能够按约定履行各自的责任和义务。

也可以理解为保险公司会在合同期内对企业开展环境和社会风险监督管理。但和环保机构的行政监管手段不同的是，保险公司对企业的监督作用更加富有市场化特征和主动性特征，对企业降低环境和社会风险有巨大的推进作用。

（三）事后保障阶段

环境污染责任保险作为一种商业化保险，具有双重保障意义，一方面是对企业的保障，另一方面则是对社会的保障。保险公司和投保企业是契约关系，因合同责任，当投保企业在生产经营过程中出现了对环境的污染性行为，保险公司就需要承担对应的污染治理和赔偿责任，这是保险公司对投保企业的保障作用。

而对于社会环境来说，企业的污染行为不仅会对环境造成影响，还要对第三方造成的各种损害做出经济赔偿，这些赔偿会直接增加企业的运营成本和财政压力，因此有些企业会将自身产生的污染成本转嫁给居民或地方财政，对环境污染治理和问责产生负面影响。而通过环境污染责任保险，一方面保险公司可以起到监督作用，另一方面保险公司可以分担赔偿责任，因此能够提高社会应对环境污染风险的能力。这就是环境污染责任保险对社会的保障作用。

第五节　碳金融的发展

要了解碳金融，就需要了解碳金融所存在的市场：碳金融市场即金融化的碳市场，也就是金融化的碳排放权交易市场。碳金融则是基于碳金融市场所进行的各种与碳排放相关的金融类产品和服务。

一、碳金融概述

碳金融指的是服务旨在减少温室气体排放的各种金融交易活动和各种金融制度安排，通俗理解就是将碳排放进行量化管理，并将其当作有价格的商品进行交易的活动。碳金融兴起于国际上对气候变化的关注而制定的有关气候的相关政策，主要是三大公约：《联合国气候变化框架公约》《京都议定书》和《巴黎协定》。

（一）《联合国气候变化框架公约》

《联合国气候变化框架公约》（以下简称《公约》）是在1992年6月的联合国环境与发展大会上由150多个国家协同签署制定的，其中包括中国，最终目标是将地球大气之中的温室气体浓度稳定在不对地球环境和气候系统造成危害的水平。《公约》奠定了国际合作过程中应对气候变化的法律基础，是具有全面性和权威性的国际框架，为各国控制温室气体奠定了根基。

（二）《京都议定书》

《京都议定书》（以下简称《议定书》）是1997年召开第三次《公约》缔约大会时，为了全人类免受气候变暖威胁，由149个国家和地区的代表共同议定，旨在限制发达国家气体排放量，以抑制全球变暖。中国在1998年签署了《京都议定书》，并于2002年核准了《议定书》，欧盟及成员国则在2002年正式批准了《京都议定书》。

《京都议定书》建立了三个灵活的合作机制来促成减排温室气体，包括国际排放贸易机制（IET）、清洁发展机制（CDM）和联合履行机制（JI），其中清洁发展机制允许工业化国家的投资者在发展中国家实施有利于其可持续发展的减排项目。

2005年，《京都议定书》正式生效，这是人类历史上第一次以法规的形式限制温室气体排放。为了促进各个国家能够完成减排目标,《议定书》协定了四种减排方式：一是两个发达国家间可以进行排放额度买卖，如难以完成削减任务的国家可以花钱从超额完成任务的国家买进超出的排放额度；二是以净排放量计算温室气体的排放量，也就是从实际排放量中扣除本国森林吸收的二氧化碳数量；三是采用绿色开发机制，运用科技手段来促进发达国家和发展中国家共同减排；四是运用集团合作方式促成减排，如欧盟内部多个国家可以视为一个整体，在欧盟内部可以采取有些国家削减排放、有些国家增加排放的方式来均衡彼此排放，以集团的形式完成减排任务。

根据《京都议定书》中的规定，中国属于发展中国家，因此在2012年之前不需要承担温室气体的减排任务,2012年之后则需要承担一定的碳排放责任。2012年之前，中国境内所有减少的温室气体排放量都可以依据CDM机制转化为有价商品并向发达国家出售。虽然中国在2012年前并不需要承担减排义务，但在"十一五"规划中，中国就已明确提出要不断减少单位GDP能源消耗量和污染物排放总量，正是这样的规划促成了节能减排技术的发展，这些技术则逐渐被转化为CDM项目。

(三)《巴黎协定》

《巴黎协定》是2015年由全球196个国家和地区共同签署的应对气候变化的协定，于2016年11月4日正式生效。协定之中确定了全球应对气候变化的长期目标，即到21世纪末全球平均气温上升幅度控制在2℃以内，并将全球气温上升控制在工业化时期水平之上1.5℃以内；全球各国需要尽快实现温室气体排放达到峰值，并在21世纪下半叶实现温室气体净零排放（也称碳中和，即碳排放与树木固碳的碳汇量平衡，人类的社会活动不再向大气排放更多的温室气体，以便稳定大气之中温室气体的浓度，阻止全球气候进一步变暖）。

二、碳金融交易类型及市场设计原则

(一)碳金融交易类型

中国对碳金融的界定有两个层次，广义的碳金融指的是限制碳排放量的所有金融活动，包括碳排放权配额交易，以及碳排放权相关的金融衍生品交易，还包括基于碳减排的融投资活动和中介服务等；狭义的碳金融则主要指的是企业之间根据政府分配的碳排放权进行交易时导致的一系列金融活动。

广义上的碳金融交易类型有两大类，一类是以项目为基础的碳金融交易市场，前面提到的CDM项目就是其中一种主要交易形式，还有一种交易形式是

JI 项目。另一类是以配额为基础的碳金融交易市场，其中一种交易形式是强制性碳交易市场建立的碳排放权交易体系（ETS），另一种交易形式是自然性碳交易市场，是一些国家或组织资源确定了减排体系，并未得到《京都议定书》的认可，但同样能够为减排做出巨大贡献，如芝加哥的气候交易所（CCX）。

这里主要分析的是强制性碳交易市场的 ETS。一方面，其是国际认可的减排交易体系；另一方面，随着碳金融的发展，ETS 也在不断完善和成熟。根据 ETS 所覆盖的不同地理管辖范围，碳金融市场可以分为国际市场、全国市场和区域市场三大类。其中，《京都议定书》各种机制下的碳金融市场就是典型的国际市场，覆盖了全球近二百个国家和地区，比较有代表性的就是覆盖欧盟二十五国、规模最大且最规范也最成熟的欧盟碳排放交易体系（EUETS）；不同国家所建立的不同碳交易体系就属于国家层面的碳金融市场，如 2017 年中国启动了全国碳交易体系；最后一类则是建立在不同国家不同地区的碳金融市场，如中国七省市碳交易试点、覆盖美国十二个州的美国区域温室气体减排行动（RGGI）、澳大利亚新南威尔士州温室气体减排体系（NSW GGAS）等，都属于典型的区域市场。

（二）碳交易市场设计原则

碳交易市场建立的最终目的是促成全球温室气体减排，其遵循四个基本原则。首先是合理原则，主要包括减排目标设定的合理性以及交易定价的合理性。减排并非一蹴而就的，需要针对现实情况一步步引导和加强，若目标和定价不合理，则会直接损害企业减排的积极性和参与度，因此目标和定价都需要经过实践的检验和科学的评估，以确保能够引导企业提高参与度。其次是公正原则，这是市场体系良好运行的基础。在碳配额发放、碳信用认证、履行结果核定等过程中都需要经历一系列程序，因此需要建立独立的第三方审核，以确保公平公正，保证各方利益不会受损。再次是效率原则。碳交易市场的建立目的是通过碳排放权的市场交易实现企业减排成本最小化，所以从市场角度看，碳金融市场必须具备市场效率，避免行政干预，这样才能成为自由化、高效率的碳市场。最后是惩治原则，这是碳市场体系的最终保障。碳交易目的是督促企业实现有效减排，若没有严厉的惩治措施，则无法有效约束企业的行为，无法实现减排的初衷。

三、碳金融产品和服务

碳金融产品和服务是依托碳排放权配额以及项目减排量标准开发出来的各

种碳金融工具。其根据功能的不同可以分为三大类：一是交易工具，包括碳排放权配额、项目减排量、碳期货、碳远期、碳期权、碳掉期、碳资产证券化和指数化的碳交易产品等。碳交易工具可以帮助参与者更有效地管理碳资产，提高碳市场的流动性，能够提供多样交易形式并应对未来价格波动风险等。二是融资工具，包括碳资产回购、碳资产租赁、碳资产质押、碳资产托管和碳债券等。碳融资工具能够帮助参与者拓宽融资渠道，为碳资产创造估值和变现途径。三是支持工具，包括碳保险和碳指数等。碳支持工具能够帮助各方了解碳市场趋势，并为企业管理碳资产提供风险管理工具和市场增信手段。

（一）碳交易工具

碳交易工具是基于碳市场最基础的交易产品现货而开发出的金融工具。碳市场的基础交易产品主要分为两类：一类是基于ETS机制下的减排指标，如欧盟体系中的减排指标分为欧盟碳配额（EUA）和欧盟航空碳配额（EUAA）；另一类是基于项目机制下开发的工具，如针对发达国家和发展中国家之间的CDM机制下的核证减排量（CER），以及针对发达国家和发达国家之间的JI机制下的减排量（ERU）。基于以上两类基础交易产品开发出的金融化交易工具主要有远期、期权、每日期货、期货、拍卖、拍卖期货、序列期权、互换、价差等各种碳金融产品。比如，针对EUA有披露价格和数量的期货，以及拍卖和拍卖期货等产品。

碳远期交易就是双方约定在未来某个确定的时间，以某一个确定的价格购买或出售一定数量的碳额度，以规避现货交易的风险。目前，有限排和减排需求的国家多数都参加了CDM远期项目，如中国参与的CDM项目多数都签订了CER远期合约。

碳期货交易属于标准化的融资工具，原理是套期保值，购买者需要在碳期货市场进行与碳现货市场相反的买卖操作来达到目的，双方需要事先确定交易时间、交易数量、交易价格等，以便规避碳市场的风险。通常采用这种交易形式的是碳配额排放单位（EUAs）的交易。[1]

碳期权交易和传统的期权交易不同，属于碳期货基础上产生的一种衍生交易工具，即碳期货期权交易。碳期权交易的价格通常和碳期货的价格息息相关，两者相互影响。全球首支碳期权是2005年EXC推出的EUA期权，可以满足全球金融市场动荡产生的避险需求。

---

[1] 杨星：《碳金融概论》，华南理工大学出版社，2014，第120-124页。

（二）碳融资工具

欧盟碳市场中比较具有代表性的碳融资工具有三类：一类是碳债券，也被称为绿色债券，针对不同的项目方向可以开发出不同的碳债券，如环境债券、气候债券、可再生能源债券等；一类是碳基金，其既是一种融资工具又是一种依托该工具形成的管理机构，如意大利碳基金、荷兰清洁发展基金和联合实施基金等；一类是碳结构化产品，主要形式是银行购买碳信用，以此确保银行的交易平台能够提供可交易的产品，满足企业的合规要求，如荷兰银行、巴克莱银行、汇丰银行、富通银行等都通过各种融资方法提高碳融资的多样性。

（三）碳支持工具

碳支持工具的主要形式有两类：一类是碳指数，其可以反映碳市场的价格信息和供求情况，可以为投资者提供投资参考，以便投资者了解碳市场动态，包括巴克莱资本全球碳指数（BC GGI）、瑞士银行温室气体指数（UBS GHI）、EEX 现货市场的 ECarbix 碳指数等。EEX 现货市场的 ECarbix 碳指数就是依托一级现货市场和二级现货市场的加权交易量权重，每日以及每月底会分别公布碳现货交易量和交易价格，以为企业提供数据参考。另一类是碳保险，其依托碳金融市场的发展而诞生，目的是为碳金融项目提供保险，以转接投资风险。比如，苏黎世保险公司推出的 CDM 项目保险业务就可以为 CER 项目的买卖双方提供保险，若买方在合同期内未能获得协议之中规定数量的 CER，苏黎世保险公司会予以赔偿；若整个 CDM 项目没有达到预期的效益，苏黎世保险公司同样会予以赔偿。

四、中国碳金融的发展和意义

（一）中国碳金融市场的发展

中国作为世界上最大的发展中国家，工业化和城镇化进程使二氧化碳排放量高居世界前列，因此早在《联合国气候变化框架公约》签署时，中国就主动响应了关于温室气体减排的呼声，并一直在积极付诸行动。作为发展迅速的发展中国家，中国的碳金融市场还处于起步阶段，却占据了 CDM 市场份额的一半，具有非常大的市场潜力。

为了挖掘中国碳金融市场的潜力，2004 年出台了《清洁发展机制项目运行管理暂行办法》，为 CDM 项目的发展指明了路径和方向；2005 年，国家发改委、外交部、科技部、财政部联合发布了《清洁发展机制项目运行管理办法》，针对 CDM 项目的开发、申报、审批、管理制定了对应的成熟程序和要求，推动了CDM项目的快速实施和发展；2011年，政府指定国家发改委下属的国家气候变化对策协调小组（DNA）为中国碳金融市场的主管机构；2017年12月，全国碳排放交易体系正式启动，到2020年8月中国的全国碳排放交易体系已累计完成4.06亿吨二氧化碳当量的碳配额交易。

2020年9月第七十五届联合国大会上，习近平同志表示为了契合全球绿色低碳转型的大方向和完成《巴黎协定》的目标，中国将提高国家自主贡献力度，采取更加有力的政策和措施，二氧化碳排放力争于2030年前达到峰值，努力争取在2060年前实现碳中和。

为努力实现《巴黎协定》目标，自2019年初清华大学气候变化与可持续发展研究院就联合国内18家研究机构开展了中国低碳发展战略及转型路径项目的研究，并于2020年10月12日发布了此项目的核心成果——《中国长期低碳发展战略与转型路径研究》综合报告，指出中国的低碳发展转型依旧存在巨大的发展潜力和发展空间。

（二）中国碳金融市场的发展意义

以上背景令中国碳金融市场的发展意义更加重大，主要体现在以下六个方面：

第一，中国碳金融市场的发展推动了低碳经济的发展和节能减排政策的实施。比如，2011年两会期间以及"十二五"规划纲要中都明确提出了中国的节能减排目标：国内单位GDP二氧化碳排放降低17%，化学需氧量、二氧化硫排放分别减少8%，氨氮、氮氧化物排放分别减少10%。强制性碳排放指标的政策出现使中国经济开始向低碳经济和实现节能减排的方向发展，碳金融市场在这样的大背景下不断完善，引导资本向低碳领域靠拢，最终促进低能耗、低排放、低污染的绿色经济发展。

第二，虽然在2012年之前中国不需要承担温室气体减排的任务，但不代表中国不能通过温室气体减排的发展模式推动经济。从2007年开始，全球碳市场发展极为迅猛，碳金融产品和服务不断被开发出来，碳市场成了新的经济增长点，而中国以CDM项目的发展为主要推动方向，CDM项目又通常需要国际合作，因此中国的金融机构能够借助此机会和国际金融机构展开交流和合作，从而借鉴国外较为成熟的碳交易市场的各种金融机制来完善自身的碳金融机制。

第三，对推动中国经济转型和产业升级有促进作用。自改革开放以来，中国经济实现了巨大的突破和发展，虽然成绩显著，但也集中暴露了工业化进程所带来的环境经济问题，整个世界的经济发展态势都在向绿色经济和循环经济靠拢，这同样是中国经济的发展方向。碳金融市场的完善和发展，不仅对温室气体减排有积极的推动作用，也会推动经济结构调整、能效改进等，从而推动经济向低碳化发展。中国正处于工业化、城镇化迅猛发展期，作为最大的发展中国家，其每年的煤炭消耗量能够占据所有能源消耗量的七成以上。碳金融市场的发展，不仅会给中国带来巨大的经济效益，还会促进中国改变以火力发电为主的能耗形式，促进新能源和可再生能源的开发。

第四，碳金融市场的发展能够缓解中国的国际政治压力。进入21世纪后，中国工业化进程明显加速。据世界银行数据统计，中国在2008年的二氧化碳排放量达到了70亿吨，第一次超过美国的54.6亿吨成为全球第一大二氧化碳排放国。全球气候的快速变化推动了世界气候谈判会议的不断进行，美国也加入了总量控制交易阵营，这使国际政治压力直接转向中国，国际上要求中国在全球气候变化问题上承担更多责任的呼声越来越高涨。碳金融市场的发展推动了中国建立碳排放交易体系，并于2017年正式开启实施，同时会推动监测报告机制的完善。另外，碳金融市场发展还会促使中国建立完善的碳金融组织体系和产品、服务体系。为了应对国际政治压力，中国必须通过碳金融市场体系与国际碳金融体系接轨，最终把控主动。

第五，随着《京都议定书》的诞生，全球各国开始逐渐形成以地域为主形态的碳交易体系，如欧盟碳交易体系、北美碳交易体系、澳大利亚温室气体减排体系等，这些交易体系的形成对全球碳交易市场有重要的影响，但同时因为不同地域的不同特性和发展模式，不同的碳交易体系在规则、交易平台等方面无法实现统一，无法建立较为公平公正的交易环境。随着碳金融市场的完善和全球气候的快速变化，碳市场的竞争会日益激烈，全球统一的碳金融市场必然会在未来逐步形成。在这样的背景下，各个国家都开始关注碳市场会以何种货币结算、会以何种价格交易、会采用何种规则调整产业和经济体系。中国作为发展中国家，必须建立完善的碳排放交易市场，以便在全球碳交易市场中获得话语权和竞争力。①

第六，前面提到世界各国都在关注碳金融市场会以何种货币进行结算，碳交易权的计价结算和货币的绑定机制使发达国家拥有了强大的定价能力，这无疑是碳交易市场关键的竞争点。如今，欧元是碳现货和碳衍生品交易市场的主

---

① 杨星：《碳金融概论》，华南理工大学出版社，2014，第315-316页。

要计价货币，美元同样在美国的积极争取下有了新的计价出路，日本也在试图让日元成为碳交易计价结算的第三种货币。各个国家的货币都期望争夺碳交易的主导货币地位，中国同样需要通过碳金融市场的布局和发展促使人民币成为国际货币，并在新能源领域争取定价权。

第三章 绿色金融发展的重点领域

第一节 大气治理行业

一、大气治理行业发展状况

中国大气污染方面的来源主要有两个方向：一是工业排放，其中一半源自电力行业，尤其是化石能源电力行业，另一半源自有色金属、水泥生产和钢铁等非电力行业；二是民用排放，主要源自集中供热行业。针对大气污染的来源，大气治理行业主要有四个领域，分别是脱硫、脱硝、除尘、挥发性有机化合物防治。这四大领域大气治理行业拥有以下三个市场：脱硝脱硫除尘市场、超低排放市场、挥发性有机化合物（VOCs）防治市场。

（一）脱硫脱硝除尘市场发展

整体而言，在脱硫、脱硝、除尘市场中，电力行业的脱硫脱硝已经趋于稳定，尤其是在电价补贴政策支持下，"十一五"期间和"十二五"期间火电脱硫脱硝已经取得巨大的进展。截至2016年底，全国火电烟气脱硫机组容量达到8.8亿千瓦，烟气脱硝机组容量则达到9.1亿千瓦，分别占据全国火电机组比例的83.8%和86.7%，市场空间已经趋近饱和。

相对应的则是非电力行业的脱硫脱硝正在迎来黄金发展期。根据《全国生态保护"十三五"规划纲要》相关规定，全国地级及以上城市建成区要基本淘汰10蒸吨以下燃煤锅炉，完成燃煤锅炉脱硫脱硝除尘改造、钢铁行业烧结机脱硫改造、水泥行业脱硝改造等，并对各非电力行业中无法稳定达标的基础设施进行改造。

2016年，《关于实施工业污染源全面达标排放计划的通知》发布，其中要求在2017年底完成八个行业排放超标问题的整治，包括煤炭、火电、造纸、钢铁、水泥、印染、垃圾焚烧、污水处理。在政策推动下，此八个行业在2020年底均达到并保持了达标排放。

政策的推动和完善给各重点行业的未来发展指明了方向。比如，针对钢铁行业的排放标准发布的《钢铁烧结、球团工业大气污染物排放标准》中，原本烧结机和球团焙烧设备的颗粒物特别排放限值由每立方米40毫克调整为20毫克，二氧化硫排放限值由每立方米180毫克调整为50毫克，氮氧化物排放限值由每立方米300毫克调整为100毫克。

钢铁行业排放的二氧化硫和氮氧化物主要由烧结、球团烟气产生，脱硫脱硝的关键就是安装烧结机和球团设备等环保设施。将2017年发布的《第二次全国污染源普查公报》与2007年第一次全国污染源普查进行对比，可以发现钢铁行业二氧化硫排放量减少了54%，脱硫设施数量是2007年的3.3倍，但钢铁行业脱硫脱硝市场依旧拥有巨大的改造空间。通过测算，大部分烧结机和球团设备都存在脱硫改造与脱硝改造的需求，预估改造设备进行烟气排放治理需要近千亿元，这无疑是一个巨大的改造市场。

比如，水泥行业的污染物排放主要是氮氧化物，二氧化硫的排放量并不高，这已经成为继电力和机动车之后的第三大氮氧化物排放源，同时非金属矿物制品业烟尘和粉尘去除率也已经接近99%，所以针对水泥行业的烟气治理主要集中在脱硝改造方面。虽然《第二次全国污染源普查公报》显示2017年水泥行业氮氧化物排放量减少了23%，但水泥行业的氮氧化物排放量依旧未能达成《节能减排"十二五"规划》中要求的氮氧化物排放量控制在150万吨以下。

（二）超低排放市场发展

超低排放技术主要是针对燃煤行业烟气排放的二氧化硫、氮氧化物和烟尘（PM）的排放提出的具体要求，被称为"50355"要求，即在基准氧含量6%的条件下，要达到污染物排放浓度具体标准：氮氧化物低于每立方米50毫克，二氧化硫低于每立方米35毫克，烟尘低于每立方米5毫克。

为全面落实2018年7月国务院发布的《打赢蓝天保卫战三年行动计划》，生态环境部办公厅在2019年2月发布了《关于印发〈2019年全国大气污染防治工作要点〉的通知》，其中指出要深入开展工业企业提标改造并推进西部地区30万千瓦及以上燃煤发电机组的超低排放改造，并推进钢铁企业实施超低排放改造。这一政策提高了燃煤机组超级排放改造的速度，各省市一直在大力推进超低排放改造市场的发展，2020年就已有多个省市完成了通知中的目标任务，同时对应的是超低排放改造市场空间的拓展，包括30万千瓦以下燃煤发电机组的超低排放改造等。

2018年,《关于京津冀大气污染传输通道城市执行大气污染物特别排放限值的公告》发布,其标志着"2+26"城市执行大气污染物特别排放限值的规定正式落地实施,大气污染物特别排放限值开始从火电和钢铁行业延伸至非电力行业,环保监管模式也开始从无差别限产(所有火电和钢铁行业全部限产)过渡到有差别限产(污染物排放不达标者限产、达标者不限产)。这意味着未来一段时间内,工业企业加装超低排放设施将会成为复产和盈利的必备条件,超低排放设施的加装和原设施改造市场将会得到极大的拓展。

(三)挥发性有机化合物防治市场发展

挥发性有机化合物污染主要是指大气中的有机物污染,这是形成臭氧污染以及PM2.5污染的主要前体物,其危害程度并不低于氮氧化物污染和二氧化硫污染。其主要排放源来自工业污染源和生活污染源,其中工业污染源主要来自石油化工、煤炭加工与转化、石油炼制等含有VOCs原料的生产和加工行业,燃油、溶剂等油类的储存及运输和销售的过程,油墨、胶黏剂、涂料、农药等以VOCs为原料的各种行业,以及印刷、工业清洗、涂装、黏合等使用VOCs产品的过程中。生活污染源则主要来自餐饮服务、服装干洗以及建筑装饰装修行业使用VOCs产品的过程。

数据显示,中国VOCs的绝对释放量每年超过2 000万吨,其中仅石化行业排放量就能够达到每年300万吨以上。根据《生态环境部办公厅关于印发〈2019年全国大气污染防治工作要点〉的通知》的相关规定,要加快推进重点行业VOCs污染治理,制定并实施综合整治技术方案,明确石化、化工、工业涂装、包装印刷等行业的治理要求,并积极配合有关部门制定出台涂料等产品的VOCs含量限值标准。多地政府根据此通知出台了对应的VOCs减排工作方案,并开始对VOCs排放征收排污费。

二、大气治理行业发展机会

随着大气污染的形势逐渐严峻,全球气候变化受到的大气污染影响越来越严重,人类对大气治理行业的关注度越来越高,各国均出台了各种标准和政策。中国作为发展中国家,正处于工业化、城镇化的高速发展期,为了紧随国际形势,避免生态环境持续恶化及保证经济可持续发展,同样制定了一系列大气治理相关的政策。这些政策使工业废气设施的运行成本持续上升,从而推动了工业废气设施的改造升级和节能减排。

（一）大气治理产业链机会

从未来人类发展模式看，大气治理行业必然会形成防治结合、综合控制、协同管理的发展方向。随着大气污染趋于严重、污染防治力度加重，整个大气治理行业开始向细化阶段分化，如清洁低碳、超低排放、绿色出行等方面的技术应用会进一步发展和得到支持。其中，最大的市场空间就是环境监测控制领域、汽车尾气治理领域、电力超低排放领域、非电排放改造领域等，并最终形成大气治理的完整产业链。

大气治理产业链可以从上游与下游两个角度进行分析：

1.大气治理上游产业链机会

上游主要是监测设备、减排设备、燃烧原料、燃烧催化剂等生产和供应商。产业链上游整体可以分为三类市场，一类是设备市场，一类是原料市场，一类是催化剂市场。设备市场中的监测设备随着排放标准和政策变动而发展，因此具有很大的市场潜力和发展空间；减排设备主要有脱硫设备、脱硝设备和除尘设备等，其发展已经较为成熟且供应商较多，最大的市场和竞争点在于设备的改造升级，即开发效能更高、节能效果更好、排放量更低的高性能设备，所以减排设备的市场在于高新技术。在原料市场方面，单纯的原料开发方面已经发展得较为饱和与成熟，因此原材料加工开采方面并不具备太大的市场潜力。其主要市场空间在石化产业的VOCs治理方面，这一点在后面会详细进行介绍。在催化剂市场方面，脱硫剂是主要的大宗工业原材料，市场化程度已经非常高，发展也较为成熟，因此市场潜力并不太大。催化剂市场中最大的潜力股是脱硝催化剂的开发和研究。在整个脱硝市场中，脱硝设备改造工程的利润并不高，且通常成本较大，而脱硝催化剂的市场非常巨大，这主要是因为脱硝催化剂的技术含量较高，对脱硝效果影响比较大，且脱硝催化剂通常每一两年就需要更换一次，市场需求非常稳定，在一定程度上推动了高新技术脱硝催化剂的发展。

2.大气治理下游产业链机会

下游主要是各种减排工程的设计、安装和施工，以及后续的设备运营和监测服务等。其中，市场潜力较大的是较为独立的污染源监测市场。随着排放标准的不断完善和严格，工业污染源在线监测以及大气重金属监测等在线监测市场开始启动，这必然会加大对监测设备的需求以及加重设备后期运维服务的需求。2018年的统计数据显示，中国烟气在线监测设备行业的销售规模达到了31.3亿元，烟气在线监测设备的销量从2015年一直持续增长，未来烟气在线

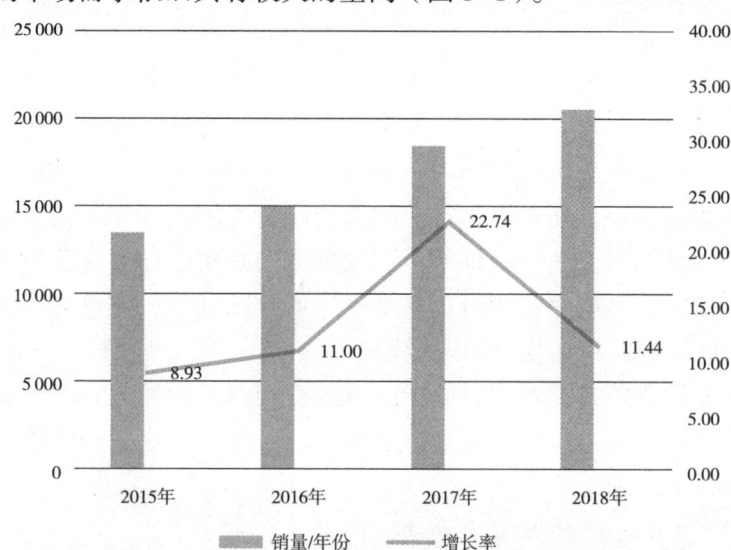

监测设备的市场需求依旧具有较大的空间（图3-1）。

图3-1　2015—2018年中国烟气在线监测设备销量及增速
（数据来源：中国环境保护产业协会）

另一个潜力较大的市场是工程综合服务市场，即脱硫脱硝企业需要从单一的脱硫或脱硝服务向脱硫、脱硝、除尘、除汞综合服务过渡，最大的市场机会就是各单一服务商的并购合作。

大气治理产业的商业模式主要有四类：一是传统工程模式，即工程总承包（EPC）。这种模式竞争较为激烈，对于普通工程行业而言具有促进作用，但对于投资大、回报周期长的大气治理行业并不适用。二是特许经营许可（BOT）模式。企业可以在特许经营期限中拥有相关脱硫脱硝资产的所有权，因此具有很大的灵活性，其最大的优势是具备融资功能和盈利稳定的特点，但需要完善协议规范以避免被治理的企业无法及时付款。三是工程总承包和托管运营结合模式（EPC+C），即完成基础设施建设后，找专业运营企业来辅助企业运营。四是综合服务模式，即融合设计、建设和运营的综合服务（DBO），类似企业寻找职业经理人辅助企业发展的模式。

（二）非电力提标改造市场机会

大气治理行业的发展已经相对成熟，尤其是传统的火电脱硫脱硝业务已经开始萎缩，市场机会除了前面提到的设备排放量提标改造市场和运维服务，另一个巨大的潜力股就是非电力领域的提标改造市场。

据统计显示，非电力行业的提标改造市场空间超过5 000亿元，要挖掘非电力市场的机会，就需要了解非电力行业的发展特点，有针对性地挖掘市场。比如，非电力行业的烟气排放污染源比电力行业复杂得多，电力行业的烟气排放污染源主要源自煤炭燃烧，而非电力行业中的玻璃、陶瓷、水泥等领域的燃烧原料并不单一，呈现复杂态势，甚至燃烧原料中存在一些重金属排放；非电力行业的企业资金和技术都和电力行业有很大差距，电力行业通常有专业的环保机构进行监督协调，而非电力行业很少会设置专门的环保部门；非电力行业的环保技术力量薄弱，因此最佳的市场发展方向是由专业环保公司运营环保工作，但对应而来的是电力行业可以享受国家的补贴政策，非电力行业难以享受该补贴，因此很难保障环保公司的运营收益。

从非电力行业的特征看，其提标改造的空间与风险较大，可以通过对应项目的开发来促成非电力行业提标改造项目，也可以通过挖掘 PPP 项目来加强非电力行业的污染治理。

（三）VOCs 治理行业发展机会

2021 年 1 月，生态环境部同时出台了三项有关重点行业 VOCs 排放的标准文件，其带来的行业影响和环境效益乃至经济效益极为重要。

《加油站大气污染物排放标准》（GB 20952—2020）中扩大了适用范围，将加油站销售的乙醇汽油和 M30 以下的甲醇汽油纳入了管控范围，并规定了加油站在汽油卸油、加油、储存过程中油气排放控制的要求，以及监测和监管的要求；增加了大气环境监测项目，增设了企业边界 VOCs 无组织排放限值，增设了加油站油气回收系统密闭点位油气泄露排放限值；在标准之中单独设立了大气污染物监测的内容，以明确企业自我监测频次和指标。根据测算，在标准实施后，每年可以减少 VOCs 排放 12.3 万吨，节约的油品能够产生 8.6 亿元的经济效益。

《油品运输大气污染物排放标准》（GB 20951—2020）中扩大了标准使用范围，将油船运输过程中的油气排放限值等纳入，加上原标准规定的油罐车（汽车罐车和铁路罐车）标准，形成了更大范围的管控，同时扩大了油品适用范围，增加了原油、含醇汽油、航空汽油、石脑油、循环油、组分油、轻质油、凝析油等具有挥发性特征的油品管控；对油船排放控制进行了要求，要求新投入使用的油船（150 总吨及以上）和 8 000 总吨及以上油船分阶段实施标准，主要原因是油气回收技术改造的难度较大，尤其是 8 000 总吨以下油船改造；增设了油罐车等运输工具密封点泄露排放限值。根据测算，在标准实施后，150 总吨及以上油船、8 000 总吨及以上油船都需要进行油气收集系统和惰性系统建设改造，总体改造费用 1.65 亿元；能够每年减少 VOCs 排放 31.2 万吨，节约的油品能够产生 5 亿元的经济效益。

《储油库大气污染物排放标准》（GB 20950—2020）中同样扩大了标准适用范围，油品方面在汽油基础上增加了原油等带有挥发性特征的油品；在原有的发油排放限值和泄露排放限值基础上，增加了企业边界排放限值规定；完善了储油库的控制要求，增加了运输工具和管道收油的控制要求以及油品储存罐运行、泄露控制、维护和记录要求；增加了码头油气回收的要求，规定万吨级及以上油品泊位要密闭收集油气并送入油气处理装置进行回收处理，同时开展 8 000 总吨及以上油船的油气回收改造工作。根据测算，标准实施后会增加码头泊位建设和油气处理装置购置，预计总投资 60 亿元，且油气处理装置年运行费用约 2 亿元；能够减少每年 VOCs 排放 17.5 万吨，节约的油品能够产生 8.1 亿元的经济效益。

以上种种 VOCs 治理和标准的颁布及实施必将促成 VOCs 治理市场的爆发增长，在为实现标准进行改造和进行 VOCs 治理的过程中，不仅能够为各相关行业带来技术推动和节能效益，还能够加快绿色领域的快速发展，实现极高的环境效益。

（四）保护臭氧层的市场机会

1911 年，人类首次登陆南极洲；1959 年，约束各国在南极洲进行军事行动和处理放射物的《南极条约》签署，旨在保持南极洲的和平与安宁。1976 年，联合国环境署理事会第一次讨论了地球臭氧层破坏的问题，并协议制定了《维也纳公约》，呼吁各国采取预防措施以减少对臭氧层的破坏，同时呼吁各国加强在该领域的研究。从 1977 年开始，南极科研队开始观察南极上空臭氧层，并表示每年 9—11 月南极上空都会出现臭氧空洞，这一发现使各国震惊不已。

1987 年，联合国为了避免工业产品中的物质对臭氧层造成持续破坏，邀请 26 个成员国签署了《蒙特利尔议定书》，并于 1989 年开始生效。世界各国工业化进程不断加快和成熟，臭氧空洞问题成为人类迫切关注的内容，在这样的背景下，中国于 1993 年批准实施了《中国消耗臭氧层物质逐步淘汰国家方案》；2019 年，生态环境部办公厅发布的《关于印发〈2019 年全国大气污染防治工作要点〉的通知》中提出要加强消耗臭氧层物质（ODS）的淘汰管理，加大执法力度并严厉打击非法行为；2021 年 4 月，习近平同志出席法德领导人视频峰会时正式宣布中国已接受《〈蒙特利尔议定书〉基加利修正案》（以下简称《修正案》），并于 2021 年 9 月 15 日正式生效，以便加强氢氟碳化物（HFCs）等非二氧化碳温室气体的管控。

HFCs 是 ODS 的常用替代品，不会对臭氧层造成破坏，但同属于温室气体。中国实施修正案将会对保护臭氧层和应对气候变化带来环境效益，同时为相关产业的发展带来新的契机。首先，在强化 ODS 的淘汰方面，监测体系的建构将会更加完善；其次，在 HFCs 管控方面，对该替代品的管控纳入法律法规体系和削减计划中，这必然会推动对应技术的开发与研究。另外，《修正案》中需要管控的物质有 18 种，不仅包括 HFCs，还包括化工工艺过程中无意排放的副产物三氟甲烷（HFC-23），这些物质的管控政策必然会促进对应技术的大力研发，也意味着相关行业具有非常巨大的市场空间。

（五）其他市场机会

大气治理行业延伸的煤改气业务和集中供热业务都是未来发展的市场机会。煤改气业务能够有效降低大气污染物排放，2020 年的天然气消费量占据了一次能源消费比例的 10% 左右，而随着煤改气项目的持续推进，天然气行业的改造和建设项目依旧拥有极大的发展机会和市场空间。

集中供热业务最大的优势是能够统筹污染物排放，如采用地热能源供热不仅成本低廉，还没有任何对大气造成污染的气体排放。中国集中供热覆盖率还处于较低的水平，仅在北方各省的主要城镇拥有集中供热系统，南方和广大农村依旧没有形成集中供暖系统，尤其是北方农村地区多数依旧运用的是独立供热方式取暖，而这无疑会加大污染物的排放。从此角度看，集中供热业务在未来依旧具有非常大的发展空间。

第二节　水资源行业

水是生命之源，水资源行业是国家基础性的自然资源和战略性的经济资源。中国水资源极为丰富，但分布极不均衡，而且水质污染情况较为严重，因此合理开发水资源是利用和有效保护水资源并促进可持续发展的重要举措。水资源行业主要由原水、供水、节水、排水、污水处理、水资源回收利用等构成产业链，可以细分为五个重点市场，包括水利、供水、污水处理和再生利用、黑臭水体治理、海绵城市等。

一、水资源行业发展状况

（一）水利行业状况

在已经过去的"十三五"时期，水利行业的主要目标是加快完善现代水利基础设施网络，深化水利改革，最终推动水利现代化发展。水利行业产业链主要包括水利工程设计、水利工程施工和养护等内容，其中上游产业主要是由供应商负责水利工程项目原材料的供应，包括建筑材料供应商、水电材料供应商、水电设备供应商、输水管道供应商等；下游产业主要由政府部门、城市投资公司和其他投资商负责，包括水利工程项目的规划、执行和完成。上游水利产业在原材料方面的价格波动会影响水利工程的成本和毛利率，下游水利产业的政策和投资规模情况则会影响水利工程整个行业的市场规模。

根据中华人民共和国水利部的统计，2019年水利建设完成投资6 711.7亿元，比2018年增加109.1亿元，具体投资比较可参看表3–1。

表3–1 2012—2019年水利建设投资[①]

年 份	投资规模/亿元				
	建筑工程	安装工程	设备及器具购置	其他（包括征地补偿等）	全部工程
2012年	2 736.5	237.8	178.1	811.8	3 964.2
2013年	2 782.8	173.6	161.1	640.2	3 757.6
2014年	3 086.4	185.0	206.1	605.6	4 083.1
2015年	4 150.8	228.8	198.7	873.9	5 452.2
2016年	4 422.0	254.5	172.8	1 250.3	6 099.6
2017年	5 069.7	265.8	211.7	1 585.2	7 132.4
2018年	4 877.2	280.9	214.4	1 230.1	6 602.6
2019年	4 987.9	243.1	221.1	1 259.7	6 711.7
2019年与2018年增加投资比例	2.3%	-13.5%	3.1%	2.4%	1.7%

[①] 中华人民共和国水利部：《2019年全国水利发展统计公报》，中国水利水电出版社，2020。

在2019年已完成的水利建设投资中，防洪工程建设为2 289.8亿元，比2018年增加5.3%；水资源工程建设为2 448.3亿元，比2018年减少4.0%；水土保持及生态工程为913.4亿元，比2018年增加23.2%；水电和机构能力建设等专项工程为1 060.2亿元，比2018年减少6.7%。截至2019年底，在建水利工程项目累计完成投资17 649.4亿元，投资完成率62.7%；累计在建水利工程项目28 742个，总规模28 166.9亿元，比2018年增加2.4%。

重点水利建设方面，2019年在建江河治理工程5 414处，其中堤防建设601处、大江大河及重要支流治理739处、中小河流治理3 331处、行蓄洪区安全建设及其他项目743处。长江中下游河势控制和河道整治工程有序实施；黄河下游防洪工程基本完工；进一步治淮38项工程已开工32项，8项已建成并发挥效益；洞庭湖、鄱阳湖治理深入推进；太湖流域水环境综合治理21项工程已开工19项，其中10项已建成并发挥效益。在建水库及枢纽工程1 360座，截至2019年底，在建项目累计完成投资3 197.5亿元，项目投资完成率为60.3%。水资源配置工程在建投资规模为7 875.0亿元，累计完成投资4 530.2亿元，项目投资完成率为57.5%。农村饮水安全巩固提升工程完成投资619.6亿元；农村水电建设完成投资71亿元；水土保持及生态工程在建投资规模1 090.8亿元，累计完成投资913.4亿元；水利行业能力建设完成投资114.9亿元。[①]

（二）供水行业状况

供水行业是中国传统市政行业之一，发展比较成熟，因此需求弹性较小且投资收益率较低，不过其最大的优势就是现金流非常稳定，拥有区域性和规模经济的特征。供水行业实现收益的主要方式是计收水费，而随着市场化改革的实施，水费必然会逐步上调，因此也具有一定的发展潜力。

水利部2020年《中国水资源公报》数据显示，2020年中国供水总量为5 812.9亿立方米，2020年全国降水量和水资源总量比往年平均值偏多，因此全国用水总量比2019年减少了208.3亿立方米，这也意味着用水效率得到了提升，用水结构得到了优化。

供水总量中，地表水源供水量为4 792.3亿立方米，地下水源供水量为892.5亿立方米，其他水源供水量为128.1亿立方米。用水总量和供水总量持平，其中生活用水863.1亿立方米，工业用水1 030.4亿立方米，农业用水

---

① 中华人民共和国水利部：《2019年全国水利发展统计公报》，中国水利水电出版社，2020。

3 612.4亿立方米，人工生态环境补水307亿立方米。2020年，全国人均综合用水量为412立方米，万元国内生产总值用水量为57.2立方米；耕地实际灌溉亩均用水量为356立方米，农田灌溉水有效利用系数0.565，万元工业增加值用水量为32.9立方米。万元国内生产总值用水量和万元工业增加值用水量比2019年下降了5.6%和17.4%。① 综合来看，中国用水总量自1997年之后就整体呈现缓慢上升趋势，在2013年之后基本持平，其中农业用水受到气候影响和实际灌溉面积的影响呈现上下波动情况，居民生活用水的比例逐渐增加，工业用水则从整体增加逐渐转化为稳定，并在2019年略有下降。

（三）污水处理和再生利用行业状况

中国污水处理行业基本是以特许经营为基础核心的市场准入制度，从2017年财政部等四部委发布《关于政府参与的污水、垃圾处理项目全面实施PPP模式的通知》后，新增的污水处理项目都将强制使用PPP模式，主要发展方向是城市污水市场提标改造以及农村生活污水市场增量，通过低水价辅以财政补贴的模式来推动污水处理市场的发展。

受到政策推进和持续投资推动，中国污水处理市场一直在稳步增长，从2015年的3 419亿元逐步增加，如2016年为3 707亿元，2017年为4 286亿元，2018年为4 694亿元，2019年为4 985亿元。

污水处理市场根据解决方案的不同，可以细分为集中式污水处理和分散式污水处理两类。集中式处理主要应用在人口密集的城市区域，通常是通过大型污水管道网络来收集污水，之后在分散式污水处理厂进行处理。2019年，集中式污水处理的收益规模占污水处理总规模的81.4%，分散式污水处理则占18.6%。

随着中国城镇化进程的加快，城市居民人口不断增长，用水量持续增加，污水处理需求也在不断增加，如2018年中国城市污水年排放量达到了521.1亿立方米，比2017年增加了5.8%。当然，城市污水处理厂的数量和处理污水量也在不断增加，如2018年城市污水处理厂比2017年增加了112座，达到2 321座，2019年城市污水厂的日处理污水量达到了1.77亿立方米，总处理量为532亿立方米，比2018年日处理量增加了4.73%、总处理量增加了6.9%。

2016—2019年，中国废水污染物的排放量逐年下降，整体呈现出良好态势。表3-2是中华人民共和国生态环境部《2016—2019年全国生态环境统计

---

① 中华人民共和国水利部：《2019年全国水利发展统计公报》，中国水利水电出版社，2020。

公报》中统计的废水污染物数据。

表 3-2　2016—2019 年废水污染物排放量

指　标	单　位	2016 年	2017 年	2018 年	2019 年
化学需氧量（总）	万吨	658.1	608.9	584.2	567.1
工业源	万吨	122.8	91.0	81.4	77.2
农业源	万吨	57.1	31.8	24.5	18.6
生活源	万吨	473.5	483.8	476.8	469.9
集中式	万吨	4.6	2.3	1.5	1.4
氨氮	万吨	56.8	50.9	49.4	46.3
工业源	万吨	6.5	4.4	4.0	3.5
农业源	万吨	1.3	0.7	0.5	0.4
生活源	万吨	48.4	45.4	44.7	42.1
集中式	万吨	0.7	0.3	0.2	0.3
总氮	万吨	123.6	120.3	120.2	117.6
工业源	万吨	18.4	15.6	14.4	13.4
农业源	万吨	4.1	2.3	1.8	1.3
生活源	万吨	100.2	101.9	103.6	102.4
集中式	万吨	0.8	0.5	0.4	0.4
总磷	万吨	9.0	7.0	6.4	5.9
工业源	万吨	1.7	0.8	0.7	0.8
农业源	万吨	0.6	0.3	0.2	0.2
生活源	万吨	6.7	5.8	5.4	5.0
集中式	万吨	—	—	—	—
废水重金属	吨	167.8	182.6	128.8	120.7
工业源	吨	162.6	176.4	125.4	117.6
集中式	吨	5.1	6.2	3.4	3.1
石油类（工业源）	万吨	1.2	0.8	0.7	0.6
挥发酚（工业源）	吨	272.1	244.1	174.4	147.1

续表

指标	单位	2016年	2017年	2018年	2019年
氰化物（工业源）	吨	57.9	54.0	46.1	38.2

据生态环境部统计，从2014年开始，工业污染治理投资力度加大，进入治理投资高峰期，如2016—2019年工业废水治理项目投资分别为108.2亿元、76.4亿元、64亿元、69.9亿元；环保能力建设投资更是逐渐攀升，2016—2019年水污染防治能力建设投资分别为247.4亿元、463.1亿元、484亿元、680.6亿元。

在污水处理市场中，分散式污水处理市场的收益较高，因为分散式污水处理设备的制造、建设和营运都处于分散的污水排放点，这些排放点并不适合建设集中式污水处理厂，所以最佳的做法就是建造分散式污水处理厂，其不但投资额较少、建设工作较少、占地面积较小，而且主要的建设位置位于农村地区、高速服务区、风景旅游区等人口分散地区。

在环境保护扶持政策推动下，2019年中国分散式污水处理市场的收益增长迅速，由2015年总收益的239亿元增加到了925亿元，平均年增长率达40.3%。而且随着2017年强制政策的推出，PPP项目发展非常迅速，对分散式污水处理设备产生了大量需求，设备销售收益从2015年的69亿元增加到了2019年的208亿元，复合年均增长率为31.8%。

另外，则是再生水生产和利用市场，其和污水处理市场具有一定的关系，但又具有较为独立的市场发展体系。相应而言，污水处理和再生利用市场的发展还有一定问题，比较突出的就是污水处理设施建设区域分布不均衡、老旧管网漏损严重、污水再生利用率低、重建设却轻运营等，因此对污水处理和再生水利用市场需要不断进行改善和完备。[①]

2020年，全国城市污水排放量达到了750亿立方米，而再生水利用量不足100亿立方米。虽然在"十三五"阶段生态环境保护工作取得了历史性的成就，"十三五"规划中确定的生态环境九项约束性指标均圆满且超额完成，但依旧距离打造青山绿水的中国的目标较远。

为了加快推进污水资源化利用，国家发改委等十部委出台了《关于推进污

[①] 兴业银行绿色金融编写组：《寓义于利 商业银行绿色金融探索与实践》，中国金融出版社，2018，第199–200页。

水资源化利用的指导意见》，明确指出要在城镇、工业和农业农村系统地开展污水资源化利用，以城市生活污水资源化利用为突破口，以缺水地区和水环境敏感区域为重点，以工业利用和生态补水为主要途径，全面推动中国污水资源化利用的高质量发展。据测算，到2025年中国再生水规模预计可达到日生产8500万立方米，年再生水利用量将达到130亿立方米以上。

（四）黑臭水体治理行业状况

黑臭水体问题的本质是污水与垃圾直排、环境基础设施不完善，同时黑臭水体治理的任务压力极大，《水污染防治行动计划》要求，到2030年全国城市建成区黑臭水体要基本得到消除。

黑臭水体治理的时间紧、任务重，所以很多地方运用了治标不治本的治理方法，如截污、清淤、换水等，这根本无法令黑臭水体得到有效治理。截至2019年5月，全国共有77个城市黑臭水体消除比例低于80%，有50个城市黑臭水体消除比例低于50%，甚至有19个城市黑臭水体消除比例为0。黑臭水体治理行业是一项长远的工程，需要长期的资金投入，最有效的开展模式应该是通过PPP模式，由政府牵头并让对收益要求不高的大型水利企业参与。

（五）海绵城市行业状况

海绵城市就是建设能够适应环境变化和应对雨水带来的自然灾害的水弹性城市，这是新一代城市雨洪管理概念，通俗来说，就是城市要像海绵一样，下雨时吸水、蓄水、渗水、净水，在需要时还可以将蓄存的水释放出来加以利用。海绵城市的建设需要通过自然途径和人工途径相结合的方式来确保城市在排水防涝的前提下能够最大限度地实现雨水的积存、渗透和净化，在统筹海绵城市建设过程中，需要将自然降水、地表水和地下水的系统性、给排水、水循环利用等因素考虑在内，同时需要考虑海绵作用的长效性和复杂性。

2014年12月，财政部、住建部、水利部共同发布《财政部关于开展中央财政支持海绵城市建设试点工作的通知》，指出要通过中央财政来为海绵城市建设试点给予专项资金补助。2015年4月，海绵城市建设试点城市名单公布，首批城市为16个。2016年4月，第二批海绵城市建设试点城市名单公布，数量为14个。

2015年10月，国务院印发《国务院办公厅关于推进海绵城市建设的指导意见》，要求部署推进海绵城市建设工作，同时提出了海绵城市建设的目标要求，即最大限度地减少城市开发建设对生态环境的影响，将70%的降雨就地消纳并利用，到2030年城市建成区要有80%以上面积达到目标要求。

在这些政策和目标的推进下,海绵城市行业的项目建设发展极为迅速,其中 30 个试点城市不断获得中央财政拨付的奖惩资金,加上地方财政的投入和银行等金融机构的投资,海绵城市建设试点的工作有序推进。截至 2017 年,海绵城市建设试点已完成投资 544 亿元,建设面积达 420 平方公里,投资中中央财政拨款 233 亿元、地方财政投入 239 亿元、社会资本投入 182 亿元,社会资本投入约占据总投资的 33%。海绵城市建设的投资情况为每平方千米 2 亿元左右,按照指导意见的目标,未来海绵城市的市场空间极大,若按 2030 年的目标计算,城市建成区要达到 80% 以上面积完成海绵城市建设,约有 24 000 亿元的社会资本市场空间。

另外,除公布的海绵城市试点外,很多非试点城市也在积极探索海绵城市的建设,已有数百个城市提出对城市进行海绵城市建设规划,涉及建设面积上万平方千米。这部分市场同样可以容纳大量社会资本,成为社会资本的投资重点。

海绵城市行业目前基本通过 PPP 模式开展,一般通过运营收入加上财政补贴来实现盈亏平衡。比如,海绵体生态公园、生态停车场等都可以获得门票收入和运营收入;雨水收储利用、湿地改造、污水处理厂等则主要依靠财政补贴来实现盈亏平衡。当然,虽然 PPP 模式在海绵城市建设试点的应用有一定成绩,但同样缺乏特别成功和完善的成果,因此在推动过程中依旧有一定的困难。不过海绵城市整体市场容量极为巨大,随着试点的工作推进和中央政策的支持,海绵城市的建设模式和行业标准将越来越清晰,未来将有越来越多的城市和企业参与海绵城市建设,为中国的绿色发展领域贡献力量。

二、水资源行业发展机会

"十三五"以来,全国各个城市均贯彻落实了习近平同志提出的"节水优先、空间均衡、系统治理、两手发力"的治水思路,五年的时间水资源行业的资金投入持续增加,同时各重点工程建设都取得了重大进展,已基本实现"十三五"规划中的水利发展目标,不仅水利基础设施体系不断完善,民生水利方面的发展也取得了显著的成效。进入 2021 年,全国水资源行业的发展已经步入"十四五"规划阶段,整体而言,水资源行业的发展机会依旧空间巨大。

(一)农村水利项目机会

水利设施现今依旧是中国基础设施的短板,存在水资源分布不均、水污染严重、地下水利用过度、城市给排水管网建设不足等情况,需要节水、治水、供调水等方面的基础设施进行长期投入。"十三五"阶段水利项目的投资还有极大部分未完成闭环,因此大型水利工程在"十四五"阶段依旧拥有极大的市场空间。

农村地区的水利项目是水利行业非常薄弱的一环,存在水资源调控能力不足、农田水利基础设施薄弱、骨干蓄水工程较少、农村饮水安全需提升等问题,这些问题背后均有大量水利项目机会,市场空间极大,投资机会较多,而且水利行业对经济周期的波动并不敏感,因此是金融机构在经济下行期非常重要的资产配置方向和分担投资风险的方向。

(二)城市供水管网设备建设机会

中国城市供水管网的平均漏损率远远高于发达国家,高达到20%,而发达国家漏损率仅8%,这不仅会增加供水成本,还会造成水资源的严重浪费。

"十三五"期间,中国供水行业的投资重点是城市供水设施的改造和升级,包括水质提标改造、二次供水设施建设、供水管网堵漏维护改造、农村供水基础设施建设等,但是短短五年的时间并不足以令城市供水管网设备建设完善,因此在"十四五"期间城市供水行业依旧具有极为庞大的市场空间。同时,地方政府在加快退出水务平台的速度,开始转化为通过市场采购和PPP模式来促进城市供水行业的发展,也会进一步完善水务行业的市场竞争机制。

水务行业具有极为明显的公共属性,因此供水行业的产品和服务必然会受到政府的严格管控,而水务行业的市场竞争机制的完善会为供水行业的发展(尤其是产品和服务的定价)提供重要参考,最终使水价联动调整机制进一步得到完善。

(三)污水治理行业机会

"十三五"期间,中国污水处理设施建设已经开始出现转变,如由污水处理向污水再生利用转变,由重水轻泥向泥水并重治理转变,由提升规模向提升质量增加效能方向转变,等等。

从前文的数据可以看出,污水治理行业未来的主要机会有两个大方向,一是城市污水处理设施的提标改造和污泥处理方面,以及农村污水处理设施建设领域,尤其是集中式污水处理和分散式污水处理的相辅相成,会成为未来污水处理行业非常主要的治污模式,因此会促进城市污水治理和农村污水治理的协同发展,促进产业并购整合的发展。二是再生利用设施建设,在这一方面,中国的基础建设领域还有巨大的发展空间,亟须社会资本和尖端科技的引入。

在商业模式方面,污水治理行业的特许经营模式已经发展成熟,因此未来强制性PPP模式会加速推动行业的市场化发展。产业并购整合方面，某些大型水务企业已经在地区市场发展饱和，这就推动着企业横向跨区域发展，无疑会加剧产业并购整合的发展。同时，一些水务企业会纵向并购来延伸产业链，最终从水务服务转向综合性服务。污水处理行业的未来发展必然会向产业化、整合化发展，并最终形成以政府监督核查为基础的市场化形势。

（四）黑臭水体治理行业机会

黑臭水体治理在"十三五"期间已经完成大部分工作。截至2019年底，全国295个地级市及以上城市共有认定黑臭水体2 899个，消除数量为2 513个，消除比例为86.5%，对黑臭水体的治理已经初见成效。但是，仍有部分黑臭水体治理项目存在一定的问题。

2020年是黑臭水体治理冲刺期，仅在2020年11月期间，就有15起社会资本中标黑臭水体治理项目，投资总额达到了8 939.69万元。

以上数据所认定的黑臭水体主要集中于城市建成区，在农村和非建成区内还有大量的黑臭水体存在，尤其是县级市、县城和建制镇的黑臭水体治理需求未得到释放，这必然会成为未来的关注重点。根据2019年7月发布的《关于推进农村黑臭水体治理工作的指导意见》，要求2035年前基本消除农村黑臭水体，因此未来黑臭水体治理行业的市场主要会集中在农村区域内的黑臭水体治理和黑臭水体运营维护，在未来的15年内依旧拥有较强的行业需求和市场需求。

（五）海绵城市行业项目机会

通过前面提到的海绵城市行业项目的未来市场空间数据可知，到2030年海绵城市项目的总投资规模会达到近十万亿元，其中社会资本投资空间为2.4万亿左右，因此整体而言海绵城市行业还有大量的资金需求，社会资本可以通过PPP模式介入。

第三节　资源循环利用行业

资源循环利用行业主要针对的是中国城镇化和工业化进程中所产生的固体废物。随着中国经济的日益发展，固体废物的总量在稳步增长，垃圾围城的现象也日益严重，因此对固体废物进行减量化和资源化、无害化处理就成了生态环境保护方面一项重要的任务，固体废物处理和资源循环利用行业也就有了极大的发展空间。

固体废物处理和资源循环利用具有很强的准公益性特征,因此整个行业的发展和国家政策息息相关,随着各项与生态环境保护相关的行业政策、标准的出台和落实,垃圾处理领域的PPP模式全面展开,固体废物处理和资源循环利用行业的市场化发展开始快速推进,成了绿色金融发展中的一个重要方向。

一、固体废物处理和资源循环利用行业发展状况

固体废物主要包括四类:一是一般工业固体废物,主要是工业生产过程中产生的各种固体废物,包括粉煤灰、冶炼废渣、炉渣、脱硫石膏、煤矸石等;二是工业危险废物,主要是工业生产过程中产生的各种易燃、有腐蚀性、有毒、感染性强或有较强化学反应性及其他有害特性的废物,包括有色金属炼渣、废弃有机溶剂、电镀废渣等;三是医疗废物,主要是医疗卫生机构在进行医疗、预防和保健等相关活动时产生的具有直接或间接毒性、传染性或危害性的废物,包括输液瓶、输液袋、棉球、胶布、纱布、废水、手术后废弃品、过期药品等;四是生活垃圾,主要是人类日常生活中产生的各种固体废物,包括可回收垃圾、厨余垃圾、有害垃圾和其他垃圾等。

固体废物处理和资源循环利用行业主要有四个子行业,分别是工业固体废物处理和利用、危险废物处理、生活垃圾处理和利用、再生资源利用。整个行业产业链可分为上游、中游、下游三个部分,上游主要是固体废物处理设备制造,中游主要是固体废物处理和设施运营,下游则主要是固体废物资源回收利用。

(一)工业固体废物处理和利用行业状况

一般的工业固体废物的处理和利用以综合利用为主,以储存和处置为辅,综合利用主要是通过适当的工艺处理将固体废物重新还原为工业原料或能源。比如,可以制作成水泥、砖瓦、铸石、纤维、混凝土骨料等建筑材料;可以提取其中的金属加以利用;可以制造土壤改良剂和肥料;可以用以处理废水、化工填料、矿山灭火等。相对而言,工业固体废物的处理和利用较废水和废气易实现,其几乎都可以加工为建筑材料或从中回收工业原料及能源。

生态环境部在2020年12月发布的《2020年全国大、中城市固体废物污染环境防治年报》显示,2019年中国一般工业固体废物产生量为13.8亿吨,综合利用量为8.5亿吨,处置量为3.1亿吨,储存量为3.6亿吨,倾倒丢弃量为4.2万吨。综合利用量占55.9%,比2015年提高了5个百分点。其中,部分城市还

对历史堆存的一般工业固体废物进行了有效的利用和处置。

在"十三五"期间，中国累计综合利用各种大宗固体废物130亿吨，减少占用土地超过约666.67平方千米，其中粉煤灰、工业副产石膏、秸秆、煤矸石的综合利用率分别为78%、70%、86%、70%，对改善生态环境质量以及缓解原材料紧缺发挥了重要作用。"十四五"时期面临较为严峻的形势，主要体现在大宗固体废物产生强度高而利用不充分。2020年统计的数据显示，中国大宗固体废物累计堆存量为600亿吨，年增堆存量约30亿吨，其中钢渣、磷石膏、赤泥等固体废物利用率较低，占据了大量土地资源。

（二）危险固体废物处理行业状况

危险固体废物主要包括工业危险废物和医疗废物两类。其中，工业危险废物处理方式主要是资源化利用、焚烧、固化、稳定化和填埋；医疗废物处理方式主要是灭菌消毒、焚烧、等离子体、热解和卫生填埋等。根据生态环境部《2020年全国大、中城市固体废物污染环境防治年报》，2019年中国196个大中城市产生工业危险废物4 498.9万吨，其中综合利用量为2 491.8万吨，处置量为2 027.8万吨，贮存量为756.1万吨，综合利用率为47.2%。2019年医疗废物产生量为84.3万吨，所有医疗废物都得到了及时和妥善的处置。

整个危险固体废物处理行业的商业模式较为清晰且收益较为可观，其中进行资源化和无害化处置的企业通常会采用两种收费方式，资源含量较高的危险废物会在处置后通过资源化处理提炼出相应产品，并通过市场化定价出售；资源含量较低的危险废物则会向排污企业收取处置费来获取收入，费用价格通常由政府指导价格确定。但是，各地区对危险废物的处置定价并不统一，差距甚至可能达到十倍以上，从这个角度看，危险固体废物处理行业还需要进行市场化完善和规范。

总体而言，危险固体废物处理的经济效益很高，资源化处理的平均利润为每吨500—700元，无害化处理的平均利润为每吨1 000元，其无害化处置业务的毛利率能够达到60%，资源化处置业务的毛利率可达到40%—50%，收益极为可观。随着政策的严格推进，危险固体废物处理的市场空间也将得到大力开发。

（三）生活垃圾处理和利用行业状况

根据生态环境部的《2020年全国大、中城市固体废物污染环境防治年报》，2019年中国196个大中城市产生的生活垃圾为23 560.2万吨，处理和利用量为23 487.2万吨，处理和利用率达99.7%。重点城市及模范城市的城市生活垃圾产生量呈总体上升趋势，处理和利用率也呈总体提升趋势（表3-5）。

表3-3 2009—2019年重点城市及模范城市城市生活垃圾产生量及处理情况

年 份	产生量/万吨	处理量/万吨	处理和利用率/%
2009年	7 484.1	7 050.1	94.20
2010年	8 422.7	8 034.9	95.39
2011年	8 618.6	8 345.2	96.82
2012年	13 041.1	11 535.1	88.45
2013年	10 441.6	10 284.7	98.49
2014年	12 150.8	11 982.6	98.61
2015年	13 224.6	13 039.9	98.60
2016年	14 478.7	14 415.7	99.56
2017年	15 816.9	15 736.6	99.49
2018年	16 154.0	16 083.6	99.56
2019年	18 544.4	18 495.7	99.73

城市生活垃圾的处理方式以焚烧处理、卫生填埋处理、餐厨垃圾处理三个方向为主。

生活垃圾焚烧处理主要集中于焚烧发电行业。随着近几年生活垃圾焚烧发电行业的发展，其产能集中度不断提升，大部分产能集中在专业运营商手中，地方产能开始逐步和行业龙头企业整合，生活垃圾焚烧发电行业的发展一直在稳步攀升。但该行业最大的问题是区域发展不均衡，即在东南沿海和经济发达地区产能较高，大众接受度高，生活垃圾焚烧占比也较高；中部地区不但产能较低，而且大众接受度低，生活垃圾焚烧占比较低。

另外，这种东南沿海和中部地区的差异还体现在垃圾分类和垃圾处理补贴标准方面。东部地区政策补贴普遍较高，如上海生活垃圾焚烧发电厂的垃圾处理补贴标准为每吨大于200元，采用炉排炉焚烧技术的项目补贴标准为每吨65—100元，采用循环流化床焚烧技术的项目补贴标准为每吨15—60元；中部地区政策补贴较低，如成都生活垃圾焚烧发电厂的垃圾处理补贴标准为每吨70元。

从此角度看，生活垃圾焚烧行业的市场空间依旧庞大，尤其是中部开发市场还有极大潜力。垃圾焚烧的盈利模式主要来自处理收费和发电收入，垃圾焚烧发电每吨产能的成本约为90—120元，垃圾处理费约为每吨50—80元，每吨垃圾焚烧能够发电250—280千瓦·时，电费收入约为160—180元，总收入能够达到200元以上，除去成本毛利率超过100%。

卫生填埋处理行业随着《"十三五"全国城镇生活垃圾无害化处理设施建设规划》的发布，也发生了一定的改变，即原生垃圾零填埋逐步成为发展趋势，垃圾填埋由原本普通生活垃圾填埋转向生活垃圾焚烧物填埋，包括稳定化飞灰、炉渣，低浓度填埋气体及硫化氢气体，低浓度渗滤液、残余液等。这意味着生活垃圾卫生填埋处理行业会推动垃圾焚烧产能的扩大。

生活垃圾卫生填埋行业原本以政府投资运营为主，随着政策的推行和实施，必将增加特许经营项目的占比。当然，这需要企业具有一定的领先技术和意识，包括能够提供渗滤液处理工程一体化服务能力，注重资源回收利用能力，如填埋气发电，能够通过并购等手段以投资公司为平台快速占据填埋市场等。

餐厨垃圾处理行业在中国起步较晚，在"十二五"期间才开始大规模进行餐厨废物处理设备试点建设。餐厨垃圾处理主要通过合理的垃圾分类收运实现无害化处理和资源化利用，其有效治理依托垃圾收运体系的完善和垃圾分类工作的完善。

（四）资源循环利用行业状况

资源循环利用主要指的是再生资源开发能力，再生资源就是将社会生产和生活消费过程中所产生的各种已失去全部或部分使用价值，但通过回收和加工处理能够令其重新获得使用机制的各种生活废弃物。

资源循环利用行业主要包括回收与利用两个部分。回收包括废旧物资的收集、运输、集散等，利用则包括对回收的废旧物资进行再制造、再循环的加工生产。

整体而言，资源循环利用行业的发展呈现出五个特点：

第一，随着新的《中华人民共和国环境保护法》的颁布和实施以及互联网的发展和介入，社会对再生资源回收行业的要求不断提高，导致中小型企业的竞争优势弱化严重，但也推动了大型企业的并购发展。

第二，《中华人民共和国国民经济和社会发展第十三个五年规划纲要》中曾明确提出："健全再生资源回收利用网络，加强生活垃圾分类回收和再生资源回收的衔接。"这样可以减少垃圾二次分类，提高再生资源回收利用的效率，也可以促使生活垃圾建立资源化和无害化处理的体系。

第三，随着大数据、物联网、云计算等高新技术的发展，垃圾回收行业的创新步伐得到了极大的推动，新兴回收模式开始诞生并得到推广，如线上交易加线下分拣的回收交易模式提高了废旧收集回收效率。另外，自动化分拣技术和设备开始被垃圾回收行业应用，不仅节约了人力成本，还实现了垃圾分拣回收精细化处理。

第四，随着 2016 年国务院发布《生产者责任延伸制度推行方案》，生产责任延伸制度开始得到拓展，其中明确指出电器电子产品、汽车产品、铅酸蓄电池、饮料纸基复合包装四类产品的骨干生产者规范产品的回收利用和安全处置责任，即从源头引导产品生产者承担产品废弃后的回收和资源化利用责任，能够促进企业从源头进行控制，积极发挥绿色生产的主动性，也能降低再生资源回收行业的精力投入。

第五，随着 2016 年《推进快递业绿色包装工作实施方案》政策的出台，包装产业的废弃物回收成为热点。据统计，随着网购的火爆发展，中国包装废弃物产生量逐年攀升，能够达到数千万吨。该方案要求快递产业要建立绿色生产体系，必须推行快递包装创新改良来减少包装造成的污染和浪费。

二、固体废物处理和资源循环利用行业发展机会

（一）PPP 模式机会

2017 年，财政部、住建部等四部委联合发布了《关于政府参与的污水、垃圾处理项目全面实施 PPP 模式的通知》，明确要在污水和垃圾处理领域全方位引入市场机制，以全面实施为核心，推进 PPP 模式应用，对污水和垃圾的收集、转运、处理、处置各个环节进行系统整合，以 PPP 模式提升服务质量和效率，以推动整个领域形成以社会资本为主的规范、统一、高效的 PPP 市场。

垃圾焚烧发电领域原本常用的商业运作模式 BOT 模式就是典型的 PPP 模式，其能够引入社会资本来缓解地方政府的财政支出压力，且经过十数年的发展已经非常成熟和完善。固废处理行业完全可以从垃圾焚烧发电领域的商业模式借鉴经验，通过有效的政策推进、财政扶持和奖惩机制来推动社会资本的参与。

（二）信息技术和产业转型机会

随着信息技术的快速发展和产业延伸，固废处理和资源循环利用行业同样拥有庞大的信息技术应用机会，如再生资源回收开始逐步向自动化、智能化和

信息化发展，可以通过大数据、云端和互联网开展信息采集、数据分析、流向监控等。信息技术能够加快整合物流资源并管控最佳回收渠道，实现上下游之间的智能化衔接和管理，从而减少回收环节，降低回收成本，实现再生资源交易从线下向线上线下结合转型，形成完善的再生资源回收利用体系。

随着建设美丽乡村规划的不断推进，各地都在力求打造美丽乡村示范县、示范村，其中非常重要的一项标准就是环境改善，即生态环境和村容村貌要优美、整洁、干净、有特色，这对固废处理和资源循环利用行业有巨大的推动作用，能够促进固废产业转型和技术革新。

2019年1月，国务院印发《"无废城市"建设试点工作方案》，提出要在全国建设十个有条件、有基础、有规模的无废城市。无废城市并非没有固体废物产生，也并非将其完全进行资源化利用，而是以新发展理念为引领，通过绿色发展方式和生活方式来持续推动固废源头减量并提高资源化利用率，最终实现整个城市固体废物产生量最小且资源化利用充分，同时固废处置安全无害。随着无废城市建设指标体系的不断完善，无废城市建设试点在固体废物领域和关键环节都取得了明显的进展，相信随着试点城市的示范作用不断发挥，全国会有越来越多的城市加入无废城市建设之中，这无疑会为固废处理和资源循环利用行业带来巨大的市场空间。

为了深入贯彻落实《中华人民共和国固体废物污染环境防治法》，发改委、工信部等十部委在2021年3月联合发布了《关于"十四五"大宗固体废弃物综合利用的指导意见》（以下简称《意见》），其中提出的主要目标是到2025年煤矸石、粉煤灰、尾矿（共伴生矿）、冶炼渣、工业副产石膏、建筑垃圾、农作物秸秆等大宗固废的综合利用能力显著提高，新增大宗固废综合利用率达到60%，有序减少堆存。大宗固体废物指的是工业领域生产活动年产生量在1 000万吨以上且对环境影响较大的固体废物。比如，2019年尾矿产生量为10.3亿吨，综合利用量为2.8亿吨，综合利用率约27.18%；粉煤灰产生量为5.4亿吨，综合利用量为4.1亿吨，综合利用率约75.93%；煤矸石产生量为4.8亿吨，综合利用量为2.9亿吨，综合利用率约60.42%；冶炼废渣产生量为4.1亿吨，综合利用量为3.6亿吨，综合利用率约87.80%；炉渣产生量为3.2亿吨，综合利用量2.3亿吨，综合利用率为约72.88%；脱硫石膏产生量为1.3亿吨，综合利用量为9 617.4万吨，综合利用率为73.98%。

整体来看，大宗固体废物的综合利用率还有很大的不足，《意见》明确指出要提高一般工业固体废物的资源利用效率，这代表工业固废资源利用的开发和研究将成为重要市场，结合对应的制度完善和标准制定，工业固废处理和利用市场空间会进一步加大，也会推动传统行业向环保行业进行产业转型升级，推动全国绿色发展。

（三）餐厨垃圾处理行业机会

2020年7月，发改委、城建部和生态环境部联合发布了《城镇生活垃圾分类和处理设施补短板强弱项实施方案》，明确要求加快完善生活垃圾分类收集和分类运输体系，大力提升垃圾焚烧处理能力，并合理规划建设生活垃圾填埋场。2020年9月，中央全面深化改革委员会第十五次会议审议通过了《关于进一步推进生活垃圾分类工作的若干意见》，要求落实城市主体责任，推动群众垃圾分类习惯养成，同时加快分类设施建设并完善配套的支持政策，以此推动生活垃圾分类工作的进行。

为积极推动餐厨垃圾资源化利用，财政部和住建部已累计拨出资金近14亿元，支持100个城市开展试点，推动社会投资超过300亿元，形成餐厨垃圾资源化利用和无害化处理能力1 800万吨，同时推动各地将餐厨垃圾用于工业油品制造、有机肥料制造，对餐厨垃圾减量和循环再生利用的发展产生了极强的推动作用。[1]

第四节　新能源及清洁能源行业

随着中国工业化和城镇化发展的快速推进，生态环境问题已经成为政府和民众的主要关注内容。2014年6月，习近平同志在中央财经领导小组第六次会议上就推动能源生产和消费革命提出具体要求，指出："立足国内多元供应保安全，大力推进煤炭清洁高效利用，着力发展非煤炭能源，形成煤、油、气、核、新能源、可再生能源多轮驱动的能源供应体系；同步加强能源输配网络和储备设施建设。""立足我国国情，紧跟国际能源技术革命新趋势，以绿色低碳为方向，分类行动技术创新、产业创新、商业模式创新，并同其他领域高新技术紧密结合，把能源技术及其关联产业培育成带动我国产业升级的新增长点。"基于此，发展新能源及清洁能源行业成了未来实现美丽中国梦的关键步骤，且

---

[1] 中华人民共和国生态环境部.全国人大常委会围绕审议土壤污染防治法执法检查报告进行专题询问（全文实录）[R].北京：中华人民共和国生态环境部.2020.

对优化能源结构、增加能源供给、改善环境质量、促进节能减排具有非常重要的意义。

一、新能源及清洁能源行业发展状况

新能源属于相对定义，其主要是相对常规能源而划分的，即除煤炭、石油、天然气等常规能源之外的能源，包括太阳能、风能、氢能、核能、生物质能等。清洁能源则属于绿色能源，指代的是不排放污染物且能够直接用于生产和生活的能源，包括核能、可再生能源（太阳能、风能、水能）等。两者之间新能源的范畴更为广泛。

2021年，中国正式步入"十四五"发展规划阶段，在2020年各地发布"十四五"规划建议时，就已经有多省市将大力发展新能源和清洁能源纳入规划之中。"十四五"期间，新能源和清洁能源行业必然会向更加细化、更加市场化的方向发展。比如，发展长时、中短时、高功率三类规模储能技术；降低度电使用成本到0.2元以下；储能器件寿命延长到15—30年；发展标准化、规模化、智能化的关键技术；发展高度安全、可靠、规模化制造的关键技术；等等。

总体而言，未来能源发展方向必然是以新能源及清洁能源取代化石能源等高污染、不可再生能源。新能源及清洁能源行业细分领域极为广泛，在此主要分析该领域中的一部分行业。

（一）太阳能行业状况

太阳能是地球上能够开发的最大且最广泛的可再生能源。综合来看，太阳能行业对太阳能的开发利用主要有两类：一类是光热开发利用，即通过对光照温度的利用来实现能源转化；另一类是光伏发电开发利用，即通过半导体界面的光生伏特效应将光能直接转化为电能，其最关键的元件就是太阳能电池。

在太阳能行业中，光伏发电利用发展更加稳定、技术更加成熟，光热利用虽然很早就在国外兴起，但在中国依旧处于技术改进和创新阶段。这里主要以光伏行业为分析对象。

光伏行业的发展在全球市场都高于光热行业，因为其经济性更优、技术更成熟。仅光伏发电方面，就已经有薄膜、聚光电池和晶体硅三种电池技术实现了商业化，生产成本降幅达到了90%以上，电池转换率则以每年0.5%的速度不断提升。

光伏行业已经形成较为完善的产业链，包括光伏电池制备、应用、开发等各个层面，整个光伏行业产业链可以分为上游、中游、下游三个阶段，这里以晶体硅光伏产业链为例进行分析。

晶体硅光伏产业的上游是硅片、硅料、硅棒、硅锭等开发阶段，中游是光伏电池片和光伏组件的生产和制造环节。相对而言，上游和中游的技术壁垒并不太高，因此竞争更加激烈。比如，晶体硅光伏产业上游的晶硅制造业属于技术密集型行业，而硅片产品的工艺和投资设备有关，所以属于资本密集型行业；中游的关键技术是将硅片加工为电池，从而实现光电转换，属于资本和技术双密集型行业，组件生产则属于劳动密集型行业。下游是光伏产业的终端应用阶段，主要是光伏电站，包括分布式电站和地面电站两类，电站在运营周期投资收益非常稳定，但同时具有较高的资金壁垒。

光伏行业的市场发展空间依旧巨大，推动和促进其发展的主要是光伏电价补贴政策，即标杆电价不断下调但分布式补贴保持不变，改善光伏补贴拖欠及弃光限电问题的政策和规划。

（二）风能行业状况

中国地大物博，风能资源也极为丰富，能够开发利用的风能储量约为10亿千瓦。其中，陆上离地10米高度的风能储量约2.53亿千瓦，海上可开发风能储量约7.5亿千瓦。中国风电市场从2006年至今一直呈现出平稳增长的态势，截至2021年6月底，中国风电装机达2.92亿千瓦，同比增长34.7%；2021年1—6月风能发电量为3 441.8亿千瓦时，同比增长44.6%。

随着近几年对风电弃风严重地区新增装机供给的严格把控，2021年6月底全国弃风电量约126.4亿千瓦·时，平均利用率已达到96.4%，同比提高0.3%。从整个风能行业来看，风电布局开始逐步优化，即中东部和南部风电新增装机开始超过西北新增装机，2021年1—6月中东部和南部装机量占总装机量的59%；风电场开发和风机整机制造产业开始进一步提高集中度；海上风能开发增长较快，如2021年1—6月风电新增装机1 084万千瓦，其中陆上新增869.4万千瓦，海上新增214.6千瓦，海上风电发展势头极为强劲。[①]

风能行业产业链的发展以上游、中游、下游来分析：上游主要是风电机组零部件生产销售，其议价能力较弱，所以利润率持续走低，且中国风电零部件制造产业已较为成熟，产能较为充足；中游主要是风力发电整机制造产业，陆上的风机呈现出大型化、运维智能化趋势，因此要降低成本提升运营效率，就

---

① 国家能源局：《国家能源局发布1—6月份全国电力工业统计数据》，国家能源局，2021年。

需要提升单台风力发电整机的功率,这也是未来风机技术的主要发展方向;下游主要是风电场建造和运营,风电场开发的门槛较高,通常以发电集团为龙头开发商,且风电场开发周期长、投入大、专业性更高。

二、新能源及清洁能源行业发展机会

(一)太阳能行业发展机会

生态文明建设已经成为中国未来主要的发展战略,因此推动能源生产和消费革命成了能源发展的核心任务。党的十八大确立了中国要在2030年实现二氧化碳排放达到峰值,同时非化石能源占据一次能源消费比例20%的目标,这无疑为太阳能行业的发展提供了良好的社会环境和巨大的市场空间。

太阳能行业的发展机会主要有以下几个方面:

首先,防控火电和治理大气污染的政策给予了光伏行业巨大的发展机会。比如,2017年国家能源管理局取消了计划建设和在建的85个火电项目,火电项目的停摆和发展限制给光伏行业创造了更多的发展空间。

其次,随着政策的引导,光伏发电开始从原本的西北集中式发展向中东部转移发展。比如,2016年光伏发电新增装机在西北地区仅占全国新增装机的28%,西北地区以外新增装机则占72%。这也说明光伏行业的市场中心开始从经济相对落后的西北地区向中东部以及南部等经济相对发达的地区转移,对应的政策、投资、补贴等自然会逐步跟上。

最后,国家层面所支持的光伏产业扶贫政策机会不断加大。比如,在全国16个省471个县大约3.5万个扶贫村进行光伏建设,以加强光伏产业精准扶贫的效果。

金融机构需要顺应光伏行业的发展趋势,以细分市场为基础落实国家政策,有序促进光伏业务健康发展。比如,突出差异服务,融资中心可以向光伏产业应用端(产业下游行业)靠拢,并优先考虑中东部及南部的光伏发电项目;可以结合荒山荒地因地制宜地开展光伏产业和农业、渔业等结合的创新项目,精研光伏产业细分业务的发展。

(二)风能行业发展机会

2021年5月,国家能源局发布了《关于2021年风电、光伏发电开发建设有关事项的通知》,明确要在2030年实现风电太阳能发电总装机容量12亿千瓦以上的任务,并指出要在2021年实现风电和光伏发电量占全国社会用电量的11%左右,之后要逐年提高并确保2025年非化石能源消费占一次能源消费的20%。政策的推动使风电行业的市场空间优势更加凸显。

风能行业比较明显的发展机会体现在三个层面：

一是上网标杆电价制度的实施。根据国家规定，可再生能源电站只有经过相关认定审核，符合《可再生能源电价附加资金补助目录》，才能享受电价补贴。2012年以来，风电产业可得的资金补助占据很大的数量，不过随着风电行业的发展，并网电站所享受的电价补助政策还有所不同，因为技术的完善，风电产业成本不断降低，所以补贴标准也在不断调低，但整体而言是越早并网享受的补贴越高。这也意味着存量电站可以通过资产盘活来获取收益，尤其是一些已纳入目录但款项落实到位依旧需要长久时间的项目，可以通过金融机构的融资手段来解决补贴款拖欠的问题，也可以为金融机构提供更丰富的业务增长点。

二是风电上网电价的下调。其中，Ⅰ类风场电价下调幅度最大，超过了市场预期。虽然电价整体下调令风电行业的补贴和收益降低，但同时政策在鼓励中东部和南部风电的发展以及海上风电的开发利用，尤其是海上风电技术突破难度较大，是非常广阔的市场空间。比如，可以通过收购欧洲地区较为成熟的海上风电企业和项目来吸取经验，逐步推动国内海上风电的标准，整体推进海上风电的市场拓展。

三是风电行业龙头企业的并购及产业链完善延伸。经过十数年的发展，风电已经形成了较高的行业集中度，行业龙头企业的综合实力已经处于世界领先水平。根据2011—2019年风电装机量的增长模式（表3-6）和政策支持情况，可以分析出未来一段时间风电装机量依旧会以平均年增加2 000万千瓦的速度拓展，同时海上风电的发展将成为重点开发领域。因此，行业龙头需要及时完善产业链，包括风电项目并购、对中小技术企业兼并重组、风电设备出口、海外风电场投资和收购等各个方面，金融机构可以关注风电龙头企业的产业链完善和延伸的机会，及时了解企业的融资需求以进行绿色金融业务拓展。

表3-4　2011—2019年风电装机量

年　份	新增装机量/万千瓦	累计装机量/亿千瓦
2011年	1 890	0.450
2012年	1 633	0.608
2013年	1 449	0.772
2014年	2 297	0.98
2015年	3 208	1.30

年　份	新增装机量 / 万千瓦	累计装机量 / 亿千瓦
2016 年	1 930	1.49
2017 年	1 503	1.64
2018 年	2 059	1.84
2019 年	2 574	2.11

第四章　国际绿色金融发展的分析与借鉴

第一节　国际绿色金融的发展与演进

国际绿色金融的发展主要源自人类在进入工业化发展后凸显出来的对生态环境的严重影响和破坏，这里分别从时间、国别与机遇三个角度来阐述国际绿色金融的发展。

一、绿色金融在时间维度上的发展演变

工业革命以来，随着发达国家和新兴工业化国家经济的快速发展，人们的生活水平得到了大幅提升，但带来的却是整个地球生态环境的剧烈变化。

比如，森林以每年数千平方千米的速度消失，土地以每年数百万公顷的速度变为沙漠，空气污染所造成的人类因健康出现问题而死亡的数量每年超过400万，温室效应带来的全球气候变暖使南北极冰川大面积融化、海平面不断上升，生态环境的破坏造成的极端气候天气不断增多，等等。

（一）褐色经济与环境意识启蒙

工业化进程能够极大地推动人类社会经济的发展，但这种经济发展模式建立在对地球资源以及环境过度消耗的基础上，而且会忽视对污染物排放的控制，不仅会令资源日益紧张，还会使生态环境不断恶化、环境污染日益严重，最终压缩人类的生存环境，使人类无法持续发展。这种经济发展模式也被称为褐色经济。

人类很长一段时间处于褐色经济模式之下，并未及时地发现其弊端。直到1962年，美国海洋生物学家雷切尔·卡逊（Rachel Carson）撰写了科普寓言《寂静的春天》，其中描述了DDT农药在彻底破坏生态系统后给一个美丽小镇带来的巨大影响。这本寓言对人类环境意识的启蒙起了关键性作用，这之后，

人类开始真正思考褐色经济模式会对生态环境产生何种影响。

1972年，罗马俱乐部发表了《增长的极限》报告，第一次从人类代际关系视角去观察经济发展和环境保护的关系，指出若继续按照褐色经济的模式发展，人口的快速增长和经济的快速增长一直持续下去，地球总会达到能够承受的极限，最终人类社会必然会走向衰败。这份报告开启了对人与自然环境和谐发展的经济模式的探索。

地球生态环境的恶化来势汹汹，很快各国民众都开始反思褐色经济模式的弊端和保护生态环境的必要性，也开始着力寻找新的经济增长模式。

（二）绿色经济与绿色金融

1987年，世界环境与发展委员会发布了名为《我们共同的未来》的报告，首次运用了"可持续发展"一词，开始了人类对绿色发展的探索和尝试。1989年，英国经济学家戴维·皮尔斯（David Pearce）首次提出了绿色经济的概念。绿色经济有两种含义：第一种指经济要环保，要求经济活动尽量不以牺牲环境为代价；第二种指环保要经济，环境保护可以成为经济利润的一个来源，如发展环境污染治理、环境基础设施建设、新能源开发、绿色食品研发等新型经济形式。

绿色经济概念的提出促进了绿色金融的诞生。绿色金融是以绿色经济为基础发展起来的金融模式，在绿色经济理念成为全球各国普遍接受的观念后，绿色金融也开始受到人类的广泛关注，并在近几十年得到了快速的发展和完善。

二、不同国家绿色金融的发展

绿色金融虽然是以绿色经济为基础发展壮大的，但人们对绿色金融业务的摸索和尝试却早于绿色经济。绿色经济最早出现于20世纪70年代的德国，之后才在全球范围内兴起。

（一）德国的绿色金融

德国的绿色金融业务出现得最早，德国于1974年成立了世界上第一家环保银行，开始正式开展绿色金融业务，之后数十年，其绿色金融业务一直处于国际领先地位。德国的绿色金融业务有三个主要特征：

其一，德国政府一直在积极参与绿色金融业务，主要体现为政府制定了许多与绿色金融业务相关的优惠政策。

德国政府会用贴息的方式支持银行绿色信贷，通过政府的财政杠杆作用极大地提高了金融机构绿色发展的积极性。比如，针对环保节能效果较好的项目，政府会给予贷款利率低于1%、低利率持续10年的优惠政策，利率差额由政府以贴息补助的形式补齐；针对金融机构为节能建筑提供贷款时，德国环境部会提供最高30%的贴息补助。

德国政府对绿色发展项目给予了很多税收优惠。比如，2000年德国政府以1991年的《强制输电法案》为基础出台的《可再生能源法》，指出会为绿色基金红利实行税负减免政策，并对投资于风能的封闭式基金给予了税收优惠。这些政策都为绿色金融业务的发展提供了极大的支持，推动了绿色项目的快速发展。

其二，德国已建立了较为健全的环境认证体系和信息传导制度。德国环保部门可以通过健全的环境认证体系来对企业实行绿色环境认证，以此来判定企业能否享受对应的政策，这在很大程度上促使财政补贴能够精准地运用于绿色项目。另外，德国绿色金融市场的信息传导制度较为完善，所以从政府监管到环保部，再到金融机构和企业，其信息传导极为高效和透明，从而避免了由于信息不对称产生的金融风险，也提高了绿色金融相关政策执行的效率和有效性。

其三，德国的绿色金融产品自由度极高。虽然德国政府会参与到金融机构的绿色业务方面，但政府最主要的作用是对绿色金融产品进行监督，如保证产品能够遵循公开公正原则进行招投标，政府在此过程中也会遵循公开公正的原则为符合标准的绿色金融项目提供利息补贴和优惠政策。这种富有原则的自由度推动了绿色金融产品的创新和开发。

（二）美国的绿色金融

美国绿色金融的发展稍晚于德国，但其发展模式独具特色。

首先，美国很早就针对绿色金融制定了完善的法律和各类制度。1978年，美国出台《能源税收法》，给予新能源业务极大的优惠政策，其中规定购买风能和太阳能源设备时，享受一定程度的税收抵免，如所付金额的前2 000美元的30%和所付金额的后8 000美元的20%，能够从当年需要缴纳的所得税中进行抵扣。

1980年，美国出台《综合环境反应、赔偿与责任法》（也称《超级基金法》），是世界上首个通过立法来约束和监管绿色金融行为的国家。《超级基金法》规定，银行需要对客户所造成的环境污染负责，因此银行在为客户办理借贷时需要对企业情况进行监督审核，以免因为客户的污染行为而支付修复成本。这种贷方责任还可以进行追溯，即银行需对污染行为负责，同时投资方和第三方评级机构也负一定责任。

其次，美国拥有完整的绿色金融业务监管体系，参与其中的机构极多，且不同机构在绿色金融监管过程中负责不同的内容，最终通过合作机制来共同履行监管职能。监管机构包括美国环境保护局、联邦能源管理委员会、财政部、证券交易委员会、碳市场效率委员会、商品期货交易委员会等。比如，2007年美国发布了《气候安全法案》，并基于此成立了多方机构合作的监督小组，任务就是监管碳市场的细节问题，最关键的是预防金融操纵和金融欺诈，以此来保障碳市场的顺利运转。

再次，和德国一样，美国建立了较为完善的信息传导体系，以此来避免信息不对称带来的各种问题。比如，美国证券交易委员会规定，公开发行股票的企业，需要将自身有关环境负债的所有信息进行揭示。

最后，美国发达的金融市场推动了绿色金融产品的不断创新。绿色金融产品同样属于金融产品，依托于金融产品的创新，也能够不断丰富投资渠道和模式。比如，美国银行创新了针对节油技术的无抵押优惠贷款，推动了节油技术的快速发展；美国环保署、美国银行、美国运输部通过合作，推出了向小型运输公司提供还款周期灵活且不需担保的绿色信贷业务，以便公司将资金用于购买节油设备来降低排放。

（三）英国的绿色金融

作为老牌工业国家，英国在绿色金融的发展方面同样有自己独到的经验。

首先，英国在政策方面对绿色金融进行了支持。比如，2008年英国制定了《气候变化法》，以便对低碳节能技术投资进行鼓励，推动了绿色金融的发展，也明确了高污染、高耗能企业需要缴纳气候变化税，变相推动了企业向绿色发展领域靠拢。2009年，英国颁布了《贷款担保计划》规定若企业购买风能或太阳能设备时，可以抵扣所得税20%—30%；另外，英国政府还会为符合标准的环保企业进行担保，以鼓励商业银行等金融机构向这类企业优先贷款，且会享受降低贷款利率的优惠。[①]2012年，英国政府出资实行市场化运作的英国绿色投资银行成立，其投资重点是具有商业价值的绿色基础设施项目，充分发挥了政府的财政杠杆作用，撬动了三倍的市场资金投入和参与，引导大量私人投资投向绿色产业，推动了绿色发展领域项目的发展。[②]

[①] 兴业银行绿色金融编写组：《寓义于利 商业银行绿色金融探索与实践》，中国金融出版社，2018，第17—20页。
[②] 马骏、周秋月、殷红：《国际绿色金融发展与案例研究》，中国金融出版社，2017，第10页。

其次，英国在汽车保险、旅游保险和房屋抵押贷款等业务创新了绿色金融产品的模式。比如，英国保险公司执行了为购买环保型汽车的客户提供购买绿色汽车保险的折扣优惠。从2009年起，绿色车险业务开始正式推广，其针对的是混合动力汽车的保险优惠，折扣优惠为3%—15%；英国气候安全旅游保险公司推出了绿色旅游保险业务，特征是在保费不变的基础上划出一部分费用用于环境保护事业；英国金融机构推出了以二氧化碳排放配额来衡量房屋抵押贷款标准的绿色贷款。

三、绿色金融的国际机遇

绿色金融是解决全球环境问题、促进人类可持续发展的重要推手。随着全球越来越多的国家关注绿色发展，绿色金融也迎来了千载难逢的发展机遇，主要体现在三个层面。

（一）推动环境和经济协同的可持续发展

绿色金融承担着环境发展和经济发展的双重任务，随着环境污染问题愈发严重，各个国际组织、各国政府、各金融机构都开始注重绿色金融的发展。

绿色金融机制不断完善，不仅能够在环境保护项目的审核和识别方面担当重任，充分过滤掉高污染高耗能项目，从而推动绿色产业的发展，促使社会资本向新兴能源产业、绿色发展项目靠拢；还能够通过多样化的创新模式，挖掘绿色产业的潜力，包括环境保护类项目、资源节约类项目、清洁能源开发和利用项目等，从而担当孵化绿色项目、培育绿色技术创新的主要引导者。

（二）推动生态环境保护，达成全球共识

随着绿色发展逐渐被全球民众关注和认识，生态环境保护的理念开始逐步渗透到经济发展层面。这无疑会推动全球形成共识，即通过绿色金融来推动生态环境保护，并借助绿色金融产业庞大的市场潜力和发展空间来推动业务增长和经济增长。

虽然近些年绿色金融产业得到了快速发展，但相对来看，绿色属性的金融产品比例依旧很小。从国际金融市场来看，贴标的绿色债券在全球债券市场中占比甚至不足1%，全球投资者中所持有的绿色基础设施资产的占比同样不足1%。这就说明绿色金融产业依旧具有庞大的投资需求和发展空间。

2016年G20峰会的开办，使绿色金融成了国际探讨的重要议题。绿色金融在国际金融市场中的地位越来越高，世界经济向绿色经济转型的核心问题也被普遍关注，通过绿色金融来推动生态环境保护已经成为全球共识。这也说明

在未来的一段时间内，绿色经济必然会成为发展主流，并快速推动绿色金融的完善。

（三）拓展国际交往

金融机构开展国际金融服务时一项重要的参考依据就是项目的环境表现，这种参考依据使金融机构开始注重环境保护项目，部分在环境保护方面表现不佳的金融机构在开拓国际市场时就会受到极大限制。为了推动金融事业的发展，越来越多的金融机构开始采纳赤道原则，以确保其发展战略契合国际绿色经济发展形势。

走国际化路线的金融机构在发展绿色金融业务时，通过各种环境标准的实施，也能够持续改善金融机构和客户、民众的关系，从而促进其国际业务的健康可持续发展，最终树立起绿色金融的责任形象，发挥绿色金融的品牌效益。

同时，发展中国家在绿色发展领域依旧有巨大欠缺，不可避免地会出现环境污染、高能耗等问题。绿色金融的发展模式能够推动发展中国家在保护生态环境的同时保持经济增长，而践行绿色发展的金融机构的参与，也能够提高自身的环境保护形象，最终打造绿色品牌，助力金融机构业务的可持续发展。

第二节 国际绿色金融的范围解读

国际绿色金融主要包括其业务开展所遵循的准则，资金投向方面的重点支持项目，以及经济效益与环境效益的关系三个层面。

一、国际绿色金融遵循的主要准则

国际绿色金融的发展就是通过恰当的金融手段来支持全球的绿色发展，这就需要将市场主题、金融工具和发展目标纳入绿色金融体系之中，形成与绿色发展相关的原则、标准和操作指引。

（一）赤道原则（EPs）

赤道原则出现于2003年6月，是由一批私人银行机构，采用世界银行的环境保护标准和国际金融公司的社会责任方针，最终形成的用以决定和衡量、管理社会和环境风险，并以该原则为基础进行专案融资的一种非强制性自愿准则。

最初参与制定该原则的金融机构包括巴克莱银行、西德意志银行、花旗银行、荷兰银行等，截至 2020 年底，全球共有 37 个国家的 113 家金融机构宣布采用赤道原则。该原则要求参与其中的金融机构在进行贷款项目审核过程中考虑社会和环境风险，为符合条件和标准的项目提供贷款，同时要督促项目发起者采取有效的措施来减缓或消除项目对社会和环境带来的负面影响，促进绿色经济发展。

如今，赤道原则已经成为国际绿色金融项目融资中的惯例和标准，因为该原则主要针对的是金融机构的绿色信贷业务，且主体是银行，因此采用赤道原则的金融机构也被称为赤道银行。

（二）责任投资原则（PRI）

责任投资原则是 2006 年由时任联合国秘书长的安南在纽约证券交易所提出的，由联合国环境规划署金融行动机构和联合国全球契约组织共同管理，其基于投资者在制定投资决策时引入社会责任，即遵循 ESG 框架，以便追求投资项目的长期可持续收益。

责任投资原则能够涵盖可持续发展目标的全部内容，包括项目的环境保护功能、注重供应链劳工标准、提倡人权、完善信息披露、反贪腐、优化项目经营和管理等各个方面，签署 PRI 的机构也被称为社会责任投资者（SRI），其金融业务均属于绿色基金范畴。

（三）绿色债券原则（GBP）

2015 年，国际资本市场协会联合了 130 多家金融机构，最终制定并推出了绿色债券原则。其参与者主要包括绿色债券发行人、投资者以及绿色债券承销商，以及期望参与其中的机构组织。

GBP 明确了绿色债券的定义和范畴，即任何将资金用于资助促进环境可持续发展（包括清洁运输、可持续水管理、土地可持续利用、可持续发展的废物管理等）、适应和减缓气候变化、保护生物多样性、遏制自然资源枯竭（包括可再生能源开发、提高能源效率等）、污染治理等关键领域项目的融资债券工具，且其投资范畴会根据绿色产业的开拓与发展不断更新和拓宽。

另外，绿色债券原则还对绿色债券的发行程序、资金的使用和管理、项目的评估和筛选等方面的信息披露制定了明确的标准和要求，是一种促进全球生态环境健康持续发展的债券融资产品。

（四）气候债券标准（CBS）

2009 年，世界上唯一一个致力于调动百万亿美元债券市场，以便关注投资者用以应对气候变化的非营利性机构——气候债券倡议组织（CBI）成立；2011年底，CBI制定了引导债券融资工具向全球减缓和适应气候变化的相关投资靠拢的标准：气候债券标准。CBS并非仅仅局限于气候金融，而是对应着绿色金融，因为生态环境保护同样对缓解和适应气候变化有积极作用。

不过，CBS和绿色债券原则还有很大不同，最核心的不同之处就是CBS设定了对应的认证机制。2019年12月，CBI发布了最新版的气候债券标准V3.0，对原本的CBS进行了更新和升级，其认证系统更加广泛和有效，能够令绿色债券的认证符合全球多个主要地域的绿色认证标准，包括国际资本市场协会制定的《绿色债券原则（GBP）》、伦敦贷款市场协会制定的《绿色贷款原则》、欧盟制定的《绿色债券标准（草案）》、东盟制定的《绿色债券标准》、日本制定的《绿色债券准则》以及印度制定的《绿色债券信息披露及上市要求》等，同时加入了有关绿色债券、绿色贷款或绿色债券融资工具的定义。

（五）经合组织出口信贷与环保新协议

经合组织全名为经济合作与发展组织（OECD），其并非传统意义上的货币基金机构，不为任何项目和机构提供基金援助，而是立志于通过政策和分析来为各国政府提供一个思考和讨论问题的场所，以便为政府制定政策。OECD由38个市场经济国家组成，旨在共同应对社会、经济、政府治理等方面所带来的挑战和机遇。

2007年，OECD成员国签署了一项出口信贷与环保新协议，规定成员国出口信贷机构在发放贷款时需要考虑和遵循更加严格的环境标准；对于申请贷款偿还期限在两年或两年以上且官方支持的出口信贷项目，要进行认真评估以确保该项目对环境的潜在影响符合国际机构的环保标准。只有符合国际环保标准的项目才能够执行借贷。

二、国际绿色金融支持的重要项目

从大方向来看，国际绿色金融支持的重要项目主要包括环境保护、资源节约、清洁能源等。[①]

（一）发达国家与发展中国家绿色金融支持项目对比

虽然国际上对绿色金融支持的重要项目形成了一定的共识，但在具体项目方面却还有一定差别。比如，多数国家和市场绿色金融的核心投向是可再生能

---

① 苏博、瞿亢：《绿色金融发展的国际经验及启示》，《国际金融》2016年第5期。

源、可持续建筑、垃圾处理、能效管理等,但也有一些发展中国家会纳入环境治理与污染防治方向的项目,包括空气污染治理、土壤修复、污水处理、固废处理等。

之所以会形成这样的差别,主要是因为发达国家多数已经完成工业化进程,在其工业化发展阶段出现的环境污染问题已经基本解决,因此在划定一项投资是否归属绿色项目时,会较少考虑环境污染防治的内容,而是更多侧重于碳排放、应对气候变化等方面。而发展中国家多数处于工业化进程之中,各种对环境造成污染和破坏的项目都会被重视,所以有关环境污染治理的内容也会被纳入绿色项目范畴。

另外,在对较为具体的绿色项目的分类和认定方面,国际上对小型水电、清洁煤炭应用、核电的认定标准并不统一,因此国际绿色金融的发展还需要根据不同国家的具体情况适当进行调整。

(二)国际绿色金融支持的具体项目

绿色金融产品分为多种,如绿色信贷、绿色债券、绿色保险等。在绿色债券方面,其支持的具体项目可以根据绿色债券原则中规定的内容来限定,其中有七大类产业属于绿色债券范畴。具体包括可持续的自然资源管理,可持续水处理,气候变化适应,陆地和海洋生物多样性保护,可再生能源、能效和污染防控,具有生态效应的产品、生产技术及流程等。

气候债券则在绿色债券原则规定的项目基础上,细化了针对气候方向的项目内容,包括节能、资源节约与循环利用、清洁交通、清洁能源、生态保护和适应气候变化、污染防治等。

绿色信贷并无国际统一的规定项目。2013年,银监会(现为银保监会)发布了中国绿色信贷指标体系,其中有12类项目可归属为绿色信贷范畴,包括绿色林业、绿色农业,自然保护和生态保护、灾害防治,资源循环利用,工业节能、节水环保排放,垃圾处理及污染防治,农村及城市水项目,可再生能源和清洁能源,绿色交通运输,建筑节能,绿色建筑,节能环保服务等。另外,符合国际惯例和标准的境外项目也在绿色信贷范畴内。

三、经济效益与环境效益的关系

(一)国际层面认知的经济效益和环境效益

早期对经济效益和环境效益的研究表明,企业运营项目过程中对环境保护方面进行投入,只会增加企业消耗的经济成本。也就是说,经济效益和环境效益是对立关系，考虑环境效益就会降低企业的经济效益。如果从股东经济利益最大化的投资原则出发，企业想获得更多经济利益，就不能承担过多的社会责任。

随着绿色经济和可持续发展理念的形成和推进，越来越多的研究开始从理论和实证两个维度认识经济效益和环境效益的关系，并发现两者之间并非绝对对立关系，而是能够彼此促进。比如，企业若能够注重自身在社会和环境方面的责任，就能够稳定企业内部架构，培养出更具社会责任感的员工，同时能够提高企业在市场上的声誉，加强消费者的忠诚度和黏度，最终达到提高经济效益的目标。

另外，若将企业环境视为企业资源的一部分，就会发现企业环境能够成为非常有竞争力的资源。若企业行为对环境形成污染，就属于对资源的巨大浪费，而适当地进行环保设计或执行环保手段，则能够降低环境资源成本，同时促进企业的创新发展。

随着国际对生态环境保护关注度的不断提升，绿色发展的企业路线已经逐渐被广泛接受，投资者开始对企业的环境效益表现提出要求，且这种要求和经济效益提升是相匹配的。对上市公司而言，企业突出的环境效益有利于股价的正向增长。尤其对于发展中国家而言，企业环境效益的提升对其经济效益的改善效果更加明显，这也说明随着国际对可持续发展的接受度不断提高，在恰当的政策和金融手段下，环境效益和经济效益之间是彼此促进、共同提升的关系。

（二）金融机构层面的环境效益和经济效益

金融机构对环境效益和经济效益之间关系的理解有所不同，部分研究者认为，注重环境效益会有损金融机构的经济效益，因为在现行的运行流程中加入环境保护内容，必然会带来转换成本；同时，绿色金融产品具有很大的不确定性，如环境风险的不确定性、细分市场的复杂性等，这些都会对绿色金融产品的收益带来未来影响。还有部分研究者认为，企业参与环境保护在提升环境效益的同时会对经济效益产生正面影响，如企业的品牌效益就和环境效益呈正面关系，企业对环境和社会投入责任时也能加强员工的信任度以及客户的依赖感等。

随着绿色金融的探索和发展，实践之中的金融机构不断提高对环境效益与经济效益的认识，因此多数金融机构已不再针对两者是否相对立或相促进来进行研究，而是开始从企业可持续发展的角度来进行分析。在可持续发展的角度下，企业的环境效益和经济效益其实处于平等位置。比如，当企业环境表现不良时，盈利能力就会相应降低，作为金融机构的投资者就不得不考虑企业的偿债风险；金融机构将资金投入对环境有潜在风险的项目或企业，投资初期也许会获得极高的收益，但当项目或企业出现环境风险事件时，就将付出极大的代价，对金融机构而言必然是非常大的损失；金融机构通过对投资的项目或企业进行内部绿色管理和引导，则能够有效帮助企业或项目节约资源、降低成本、加强环境保护等，从而提高收益。随着国际形势和国家政策向绿色发展靠拢，金融机构的投资方向需要契合社会发展趋势，这样才能获得更好的回报。社会公众对绿色发展的关注度越来越高，自然会对金融机构提出对应的加强环境保护的新要求，从而推动金融机构注重环境效益。

第三节　国际绿色金融发展的案例剖析

国际绿色金融的发展离不开各种推动绿色金融的政策，这些政策的制定者主要有四类：第一类是国际机构，如联合国环境规划署等；第二类是各国的政府机构，不同国家发布的绿色金融政策也有不同的偏重点和推动方向；第三类是各种国际性开发金融机构，主要是各种国际性多边开发银行，其会针对绿色金融项目制定对应的标准；第四类是由不同的行业组织或金融机构制定的标准，最知名的就是国际绿色项目融资的规范——赤道原则。

其中，多边开发银行的机构性质、宗旨、战略等均有利于制定和实施较为完善的环境和社会保障政策。比如，世界银行的战略目标是帮助发展中国家增长经济和消除贫困，在绿色金融诞生之后，其面对不同的发展中国家的经济情况和发展模式，制定了对应的能够引导发展中国家注重绿色领域的信贷政策；亚洲开发银行的远景目标是建设没有贫困的亚太地区，不仅要帮助亚太地区发展中国家提高生活质量和居住环境，还强调要帮助这些国家实现经济共享式增长和可持续发展。

一、亚洲开发银行

亚洲开发银行（ADB）致力于促进亚洲及太平洋地区发展中成员的经济和社会发展，1999后其最主要的战略目标为扶贫。亚洲开发银行所制定的环境保障政策 是银行审核、评估、执行各类绿色发展项目的核心和根基。

（一）亚洲开发银行的环境保障政策

亚洲开发银行的环境保障政策的核心目标是保障环境安全及项目的可持续性，在项目决策过程中也支持综合考虑环境因素。

1. ADB 环境保障政策的愿景

通过环境保障政策，亚洲开发银行期望达到三个愿景：一是尽可能地避免项目对环境、相关民众产生不利影响；二是若项目产生的负面影响无法避免，需要尽量减少对环境和民众的不利影响，同时对损失给予补偿；三是通过强化客户项目的保障制度，来辅助客户提高应对环境和社会风险的能力，同时有效降低项目对环境和民众的不利影响。

以上愿景的实现，需要 ADB 对项目进行综合评估，因此 ADB 环境保障政策支持项目决策过程中考虑环境因素，强调了项目决策和实施时对环境评价流程的要求，包括评估项目的环境影响、规划和实施减缓环境影响的措施、编制环境评价报告、发布环境影响信息并进行协商、建立起对应的环境影响投诉机制、在项目执行过程中进行环境监测和发布报告。可以说，环境保障政策会从上而下引导项目关注环境影响，并弱化对环境的影响。

2. ADB 环境保障政策的主要内容

ADB 环境保障政策的主要内容包括三个方面：

首先，环境评价内容的嵌入。环境评价是项目投资审批决策的重要内容，所有拟定的项目都需要通过梳理来决定其恰当的环境评价范围和类型，然后通过环境评价体系对项目潜在的环境影响和风险进行深入分析；环境评价是项目投资审批的重要依据，每个拟定的项目都需要进行环境评价，以此来识别项目对生态环境、社会、经济等各个方面可能会造成的影响，包括直接影响、间接影响和累积影响等。

其次，项目需要遵循的基本原则。主要包括六个方面的内容：一是项目应该针对地点、设计、技术、结构、对环境和社会可能造成的影响等因素，制定对应的合理替代方案，甚至要有取消项目的准备。二是项目需要运用环境规划和对应管理措施，来避免对环境产生不利影响，若无法避免则需要制定措施来减轻、缓解或弥补其对环境产生的风险和影响。三是项目应该做到信息公开透明，建立起利益相关方知情、磋商、申诉的完善机制，以便充分保障与项目相关人群的环境权益，尤其是在项目审批之前要公布环境评价的内容和结论。四是项目应该根据环境评估结论制定对应的环境管理计划，参照国际公认的行业标准和成功实践来实施环境污染防治策略和措施，并定期记录和公布环境监测结果。五是项目需要尽量避免在生态高保护价值的区域和栖息地开展。六是项目要为执行项目的工人提供健康和安全的工作条件和环境，预防项目事故和对工人产生伤害，同时建立对应的预防和应急机制来避免或减缓项目在安全和卫生方面对利益相关者产生不利影响。

最后，项目在进行环境评价时要保护物质文化资源，必须聘请拥有对应资质和经验的评估专家到现场进行调查和记录，避免对物质文化资源产生不可逆的影响和破坏。

3. ADB 环境保障政策的实施

实施环境保障政策需要针对项目会产生的环境影响进行评估和核查，因此为了能够了解项目可能会对环境产生的影响和风险，ADB 会在项目准备阶段对项目进行梳理和分类。主要分类元素是项目对环境敏感部分的内容，综合而言可以划分为四类：

一是 A 类，即项目可能会对环境产生不可逆转、多种形式、重大乃至无先例的不利影响。此类项目对环境的影响范围很可能会超出其自身所在区域和使用工具的范围，因此需要开展详细的环境影响评价。

二是 B 类，即项目对环境产生的潜在负面影响小于 A 类项目，其对环境的影响范围局限于项目所在区域，同时不会或很少对环境产生不可逆转的破坏。此类项目也会对环境造成区域性影响，因此需开展初始的环境影响审查。

三是 C 类，即项目对环境产生的潜在负面影响非常轻微或根本不会产生负面影响。此类项目不需要开展环境影响评价，但仍需要评价项目的环境影响。

四是中介类，即项目如果涉及 ADB 需要向金融中介投资，或通过金融中介投资。

4. ADB 的国家保障系统

ADB 除了制定了完善的环境保障政策，还在实践之中积极帮助亚太地区发展中成员国在发展项目时加强环境保障体系的开发，以便强化这些国家解决环境和社会问题的能力，这就是 ADB 的国家保障系统（CSS）。

CSS 是在环境保障政策领域所制定的法律法规、执行程序和执行机构的总称，于 2009 年正式获批执行，可以促进 ADB 为发展中成员国提供技术援助，以便有效运行环境保障政策和保障系统。

5. ADB 在项目周期中的环境考虑

环境保障政策涉及整个绿色项目的各个阶段，包括规划、评估、执行、完成等，即项目周期。环境保障政策要求在项目周期的初期确认并评估项目可能会产生的环境负面影响；在制订项目计划过程中，要避免、减少项目可能会产生的环境负面影响；在项目进行准备和实施执行中，需要及时公布各种环境信息，以便征求受影响人群的具体意见。也可以说，整个项目周期内，从项目评估到项目完成，所有行动都需要遵循环境保障政策的内容。

（二）亚洲开发银行绿色金融案例

这里分析一下亚洲开发银行针对中国湖北武汉进行的"城市污水与雨水管理项目"。武汉是湖北省省会，属于湖北省的政治、文化、经济中心，因地处江汉平原东部，有长江及长江最大支流汉水贯穿整个市境，武汉城区被划分为三个区域，所以武汉也被称为江城。

武汉市现辖13个城区，总面积8 000多平方公里，2019年常住人口达1 121万。武汉境内江河纵横、湖港交织，有上百座山峦和166个湖泊，水域面积占据全市的四分之一，构成了极具特色的滨江滨湖水域生态环境。但是，随着武汉经济的快速发展，境内的水环境质量也开始大幅下降。武汉最大的饮用水水源地——汉江就曾多次发生严重污染事故，另一个重要的饮用水水源地——长江的近岸区也形成了污染带。

为了实现武汉的水资源保护和可持续污水处理，ADB于2005年启动了对武汉污水与雨水管理项目的前期筹备技术援助，最终目标就是通过项目实施帮武汉建立一套能够改善城市环境服务的可行性办法。

1. 项目概况

武汉虽然在2005年就已经高度城市化，但主城区内依旧有占据市区面积四分之一的湖泊、水体等，武汉污水与雨水管理项目（以下简称"项目"）包括五个污水管理子项目和四个雨水管理子项目，遍布整个武汉各个主要水体。整个项目目标是用六年时间将武汉污水收集和处理能力提升50%以上，并大幅降低洪涝发生概率与严重程度，最终促进武汉经济的均衡健康发展。

项目前期筹备时，按照ADB的要求在执行机构设置了常务管理部门，也就是项目办，主要工作是与ADB聘用的技术援助咨询机构进行密切合作，完成整个项目的前期筹备，包括进行环境影响评价和制定环境管理计划等。

2. 筹备阶段工作内容

首先，项目的环境影响评价。项目的九个子项目均按照中国政策的相关规定，编制了对应的环境影响评价报告，同时根据ADB的项目环境分类原则，此项目属于A类项目，因此需要编制完整的环境影响评价报告和环境影响评价摘要。

/ 绿色金融可持续发展研究 /

其次,项目环境管理计划的制订。整个项目针对的是武汉的污水和雨水,因此在实施过程中必然会产生各种对民众不利的影响,包括污泥、臭味、噪声、施工期影响等,针对这些影响内容,环境影响评价体系均进行了分析和识别,并制定了对应的削弱措施和监测计划,即环境管理计划。此计划不仅是环境影响报告中的一项重要内容,也是一个具体的能够引导环境保护和管理工作实施的操作性文件,将此计划纳入贷款协议和施工合同中,能够通过法律效力约束项目执行单位更好地执行,同时提高执行单位的环保意识。

再次,通过环境管理计划的制订,对施工和运行过程中可能会出现的潜在不利影响和削减不利影响的措施进行归纳和总结。整个汇总工作需要提出对应的费用估算、实施频率、实施地点、实施机构、监督机构,建立起健全的保障制度(表4-1)。

表4-1 蔡甸污水处理厂子项目和罗家路泵站雨水子项目潜在环境影响与削减措施汇总(部分内容,不含运维费用)[1]

污染因子	潜在环境影响	削减措施	投入费用/元 蔡甸	投入费用/元 罗家路	实施地点	责任和监督部门 实施方	责任和监督部门 监督方
施工期污水	施工活动产生污水与含泥径流	围挡施工区,修建临时排水沟和沉砂槽	10万	10万	所有施工区	施工单位、监理公司	实施方项目办
施工期污水	排水渠修缮造成水污染	分段施工	0	10万	排水渠施工区	施工单位、监理公司	实施方项目办
运行期污水	污水处理厂排出污水	对排水监测,选择符合标准的合理位置,并在污水排放口放置标示牌	5万	—	污水处理厂	污水处理厂	武汉市城建局、武汉市环保局
运行期污水	污水旁溢	安装备用抽水设备,运用双电源供电,加强运行监测并制定应急措施	20万	—	污水泵站	污水泵站	武汉市城建局、武汉市环保局

[1] 马骏、周秋月、殷红:《国际绿色金融发展与案例研究》,中国金融出版社,2017,第70-71页。

续表

污染因子	潜在环境影响	削减措施	投入费用/元		实施地点	责任和监督部门	
			蔡甸	罗家路		实施方	监督方
固体废物	污水处理厂产生的污泥	污泥检测若不适合再利用，进行沥出物收集并进行掩埋处理	—	0	污水处理厂	污水处理厂	武汉市城建局、武汉市环保局
	污水泵站与排水系统产生的污泥	及时进行清理并用遮盖容器运输到掩埋场	10万	10万	污水泵站及排水系统	污水泵站及排水系统	武汉市城建局、武汉市城管局、武汉市环保局
	施工工人产生的固体垃圾	提供垃圾桶并及时清理，以遮盖容器运输到掩埋场	2万	2万	污水处理厂、污水泵站、雨水泵站	污水处理厂、污水泵站、雨水泵站	武汉市城建局、武汉市城管局、武汉市环保局

最后，制订环境监测计划，包括整个项目周期内的环境监测活动计划，以便项目实施后运用监测计划评价项目情况，通过预测影响与实际施工影响对比，评价出项目环境影响的范围和严重程度、削减措施的效果及规范性、项目产生环境影响的趋势、项目环境管理计划的总效果等。

3. 项目实施阶段工作内容

筹备工作完成后，项目审核通过进入实施阶段，开始时，实施机构、项目办以及环境管理咨询专家需要制定综合项目设计和监测框架。监测框架主要分为外部监测和内部监测。

外部监测的目的是能够系统量化项目各个部分实施过程中对环境产生的影响，主要是建立详细的指标体系来测定项目会对环境、社会、经济产生的不同影响，包括服务水平指标、污水处理后质量指标、运行绩效测定指标、污水收集处理比例指标、民众对环境满意度指标、民众和城市收入指标、社会卫生水平指标等。通过基准数据和进度数据的记录，进行指标对比和分析能够评估项目实施之后所产生的环境效益，从而促进整个实施阶段的调整。

内部监测则是实施机构和施工单位对内部的自我监测，通常需要每月进行详细记录，并提交给武汉市的监督机构，包括武汉市环保局、武汉市城建局、武汉市城管局等项目办。项目办需要针对内部监测报告中所提到的问题进行适当处理，尤其是重大问题要根据对应的政策要求和 ADB 的政策要求，采取相应的纠正措施；在接到公众投诉时需要监测人员到投诉现场进行检验，以便及时处理问题。

在整个项目实施阶段，款项开始下放，因此环境管理计划也需要投入实施。整个项目的执行情况都需要进行监测和监督，在此过程中要特别注重来自民众的反馈，并建立起有效快速的反馈处理机制，包括妥善处理各种投诉，对出现的影响环境和社会的不利行为采取减缓和改善措施，及时针对未曾预见的不利环境和社会影响进行环境管理计划修正。

所有项目执行和监督机构都需要建立良好有序的环境管理报告机制，确保能够及时了解项目进度、环境和社会影响、削减效果、问题处理情况等。在此过程中，施工单位、监测机构、项目办等都需要将项目进展、环境管理计划的实施情况、监测结果等进行记录并及时报告，包括实施机构、监测机构和施工单位执行情况详细报告；执行机构要将环境管理计划的实施进度和效果等纳入项目进度报告；环境管理计划的实施情况需要按要求（每季度或每半年）报告给 ADB，以便进行整体管控。

4.建立完善的反馈和调整机制

完善的反馈和调整机制对于环境管理计划的实施有至关重要的作用。通常反馈和调整机制可以分为两个方面。一方面是由施工单位或实施机构根据项目执行过程中遇到的问题提出反馈和调整内容，这些内容会由项目办、环保局等进行详细评估；若原则上可以执行，则由施工单位或实施机构提交具体的方案，再次由环保局、项目办进行评估和确认。另一方面是环保局、项目办根据 ADB 或省环保局的意见及建议，针对环境管理计划的具体方案提出修改要求，并由施工单位或实施机构进行修改，以确保计划能够满足政策需求。

二、美洲开发银行

美洲开发银行（IDB）成立于 1959 年，是世界上成立最早的区域性多边开发银行，其宗旨是集中成员国力量对拉丁美洲国家的经济发展、社会发展等提供技术、资金的援助，以便各拉丁美洲国家能够对整个社会和经济的进步做出贡献。

IDB 很早就开始关注社会经济增长以外的与可持续性发展相关的议题，包括社会公平、环境保护、气候变化等，也是第一个引入了环境条款的多边开发银行。

（一）环境条款

IDB 于 1979 年就发布了相关的环境保护政策，并在 20 世纪 80 年代末开始积极接受国际上提出的可持续发展原则，将其融入自身的环境条款中，又在

1994年将环境领域、减少贫困领域、社会平等领域的内容纳入环境补充条款中,以便进行优先资助。

1. IDB 环境条款的宗旨和内容

IDB 环境条款的宗旨主要包括三个方面:一是通过金融项目来强调环境管理的重要性,同时提高项目所在国家的环境管理能力,促进其经济可持续发展;二是通过金融项目的审核机制来保障其属于环境可持续类项目;三是通过银行的监督机制和奖惩机制来鼓励企业履行环境责任。

IDB 环境条款的主要内容有两大类:一类是环境保护主流化条款,即通过其环境条款来促进成员国的公共政策激励水平,催生环境保护产业市场,加强环境保护类项目的主流化过渡。内容具体包括国家绿色发展政策与战略、支持环境与自然资源管理行动、加强不同部门间的环境保护主流化、支持绿色区域机制和绿色国际公约、采用环境可持续指标、评估环境影响与机会、提高企业的环境责任等。另一类是环境保障条款,即通过其环境条款来保障银行投资的项目和活动的环境质量,促进项目的绿色发展方向,属于管理环境影响与风险的条款。内容具体包括国家的法律法规、银行的项目政策、项目的分类与筛选、环境评价的要求、项目跨区影响、有害物质排放和处理、自然栖息地和民俗区的保护、环境污染防治、国家绿色发展系统等。

2. IDB 环境条款的运行机制

为了保障 IDB 环境条款能够顺利运行并执行,IDB 针对项目设有内部评估机制、执行管理机制、决策机制等,通常通过评估与监督办公室(OVE)来进行项目执行前的环境影响分类和预评估、项目执行过程的监测和审查、项目事后评估与补偿等。

OVE 针对项目的评估都是从执行报告开始的,然后向 IDB 提交修改和审核。通常执行报告会对项目中涉及的环境问题、评估方法等进行阐述,然后提交到 IDB 管理层进行修改定稿,再交由董事会进行讨论和再次修改(若涉及项目所在国家政策的评估,需与东道国的相关官方代表进行探讨并修改),最终将修改好的报告进行公开发布。董事会最终确定的报告会由 IDB 管理层执行。

3. 环境条款运行模式

项目执行前的环境影响分类和预评估,通常在项目准备阶段就已开始,涉及的内容包括项目和关联设施可能对环境带来的直接、间接、区域、累积等方面的影响,以及项目产生的环境问题会导致的社会影响和文化影响等。IDB 会根据项目所形成的环境影响评估报告把项目分为三类:A 类属于会对环境和社会造成重大负面影响、对自然资源造成深远影响的项目，IDB 会要求借款方建立咨询专家委员会来对项目的环境影响评价过程进行监督和指导；B 类属于对一定区域短期会形成负面环境影响的项目，通常会受到当地环境政策的监管；C 类属于对环境和社会影响很小，甚至没有负面影响的项目，包括环境治理项目、生态补偿项目、绿色发展项目等，此类项目通常不用提交对应的环境与社会分析报告。

对项目执行过程的监测和审查属于过程监管。借款方需要在项目合同内提供对应的环境与社会管理计划，同时计划中所涉及的环境指标必须有明确的定义，并在整个项目执行过程中按时提交环境指标数据。IDB 会对相关数据进行分析、审阅、核查，以确保项目执行过程符合环境条款的要求。

项目的事后评估与补偿主要是为了完善项目的环境与社会管理计划，并为其他项目的环境与社会管理计划提供量化的经验，以便加强项目的长期延续和维护，促进项目能够削减长期环境影响。事后评估与补偿通常由 OVE 完成，其需要收集最基本的三项数据，一是项目实施之前的环境本底值，二是项目执行中运用环境治理手段前的环境参照值，三是采取环境治理手段之后产生的环境效果值，通过对三项数据的分析，能够不断完善 IDB 的环境影响评价体系。

（二）美洲开发银行绿色金融项目案例

随着时代的推移，美洲的秘鲁经济开始快速发展，其对电力的需求也开始不断增长。2011 年，IDB 批准了用于秘鲁水力发电厂建设的一笔项目贷款，用于支持秘鲁查格亚水电站的建设，其规模达到 456 兆瓦，用于平衡秘鲁的能源结构，同时满足其对电力的需求。

查格亚水电站在项目设计和选址方案方面均是可持续发展项目的典范。比如，削减了寻常水电项目易产生的严重环境影响，对河流长度、洪水淹没面积等影响均比较小；能够快速周转，不会对下游水质造成严重影响和破坏；不会对当地社区和民众产生过大的负面影响等。

不过，虽然 IDB 针对该项目做了很多工作，但拦水坝的建造依旧对当地的水生环境造成了一定的负面影响。比如，新建的水坝会将自由流动的河流转化为 17 公里长的湖泊，必然会使整个流域内的河水流量减少，从而影响水生群落栖息地的生态圈。该项目所处的位置水流速度较快，其河流中有一些非常特殊的鱼类，甚至还有一些是科学家新发现的物种。为了不对这些水生群落尤其是特殊鱼类造成巨大的影响，IDB 专门投资进行了基准研究，制定了一个颇具创新性的方法来减少项目造成的负面影响。该方法包括五个部分：先对河流中鱼的详细种类进行总结、分类、生态研究；再运用研究数据设计项目的下行水流量，以便保持这些鱼类生存的基准环境；之后做好支流保护计划，确保这些鱼类生存的支流能够得到长期的维护；针对生存条件受到影响的鱼类，制定了鱼类救援计划和安置计划；最后在整个项目区之外划定了一定的保护区，以保证这些鱼类和其栖息地能够受到长期保护。

三、国际金融公司

国际金融公司（IFC）是世界银行两大附属机构之一，于1956年成立，并于1957年成为联合国一个专门机构，其宗旨是辅助世界银行为成员国尤其是其中的发展中国家的私人企业提供资金。其最终目的就是促进成员国中发展中国家的可持续性项目，令其经济上具有效益性、财务上具有稳健性、社会和环境上具有可持续性。

（一）IFC绿色金融政策体系

整个IFC绿色金融政策体系由三部分组成：第一部分是IFC的可持续性战略承诺，被称为可持续性框架，其中有三个主要政策，分别是《环境和社会可持续性政策》《环境和社会绩效标准》《信息获取政策》；第二部分是IFC的技术参考文件《环境、健康和安全指南》；第三部分是IFC的排除清单，界定了IFC拒绝资助的项目类型。详情如表4-2所示。

表4-2 IFC绿色金融政策体系概览

	主要政策	相关政策及目标	政策内容
IFC绿色金融政策体系	可持续性框架	《环境和社会可持续性政策》依此政策对拟投资的项目环境和社会风险及影响进行审查，通过分类体现项目风险和影响水平	A类：可能会产生重大（多元、不可逆、前所未有）不良环境和社会风险及影响的企业活动
			B类：可能会产生有限（数量较少、地域性、可通过缓解措施解决）不良环境和社会风险及影响的企业活动
			C类：可能会产生少量或不产生不良环境和社会风险及影响的企业活动

续 表

主要政策		相关政策及目标	政策内容
IFC绿色金融政策体系	可持续性框架	《环境和社会绩效标准》 可持续性的原则和标准，界定项目在管理环境和社会风险方面的责任	为项目客户提供识别环境和社会风险及影响的指导，帮助客户减缓、避免和管理对应内容，同时承担对利益相关者披露相关项目活动信息的义务
		《信息获取政策》 高透明度和问责制实现良好管理、问责和开发效能	鼓励客户提高经营活动的透明度，通过做出透明度和问责承诺促进金融活动的长期盈利
	技术参考	《环境、健康和安全指南》	项目评估活动期间的技术信息来源，其中包含为IFC接受、设施通过现有技术可实现的执行水平和措施等
	拒绝资助项目	非粘合石棉纤维的生产或贸易，其中不包括石棉含量低于20%的黏合石棉水泥护板的使用和采购 在超过2.5千米深的海洋环境进行流网捕捞作业	放射性物质的生产或贸易，其中不包括质量控制或测量设备、医疗器械、IFC认定的放射源极微或得到充分隔离设备的使用和采购

以上所有政策的实施均会在环境和社会尽职调查的基础之上执行，其内容主要有四项：一是审查项目相关活动的环境和社会风险及影响的信息、记录、文件、数据等；二是针对项目地域开展现场调查，依据情况来访问项目利益相关者和客户人员，获取反馈内容；三是依据《环境和社会绩效标准》的要求以及《环境、健康和安全指南》的规定，分析项目的环境和社会效益；四是及时识别超出客户现有管理实践经验和体系的额外措施和行动，IFC会引导客户对措施和行动进行补充和调整，制订完善的环境和社会行动计划。

（二）国际金融公司绿色金融项目案例

GIL是印度一家致力于开发、运营、建造可再生能源发电资产的企业，IFC为GIL提供了5 900万美元的整体债务融资，以供GIL用于正在开发的各项绿色项目。

GIL开发的项目是印度风电项目，其项目为开发五家总发电量为242.4兆瓦的风电场，该项目被IFC归为B类项目。项目会带来有限且特定的环境和社会影响，因此IFC通过绿色金融政策体系确定了该项目的预估开发影响、适用的环境和社会绩效标准，并从利益相关方获取信息，以便对项目进行环境和社会影响评估。

首先是预估开发影响，一是项目的能源获取，可以通过部署满足印度日益增长的用电需求；二是通过清洁发电减缓气候变化，预估每年可避免28万吨温室气体的排放；三是项目可以在建设和运营过程中创造大量就业机会。

其次是确定适用的环境和社会绩效标准，包括五项内容，分别是环境和社会风险及影响评估、管理，资源效率和污染预防，劳务和工作条件，社区健康、安全及对应安保，生物自然资源和多样性保护的可持续管理。

最后是IFC为确保项目的可持续发展，会组建顾问团与所有项目涉及的利益相关方进行磋商，以便了解利益相关方对安装风力发电机设施的预期以及问题。利益相关方包括受到影响的村庄代表、土地业主、女性群体、意见领袖、广大居民等。

整个过程会采用信息透明和深入参与的方式，如土地采购会在买卖双方自愿的原则下完成，并提供超过土地市场价格的补偿。除此之外，IFC还建立了各项目相关利益者参与社区申诉的机制，利益相关方可以要求项目披露对应的环境和社会影响结果及数据，并提出意见；利益相关方可以利用申诉机制提出项目相关问题和建议，这些申诉、调查、结果等都会记录归档并对利益相关方公开共享。也就是说，利益相关方完全可以称为项目的监督者，以推动项目遵循IFC的环境和社会影响及风险政策要求。

第四节　国际绿色金融发展的启示与借鉴

绿色金融产品的发展各有其不同的特色和侧重，国际金融机构针对不同地域的绿色金融产品会进行不同的创新和调整，但综合来看具有很多共性，能够带来一些绿色金融发展方面的启示和借鉴。

一、完善的保障体系

不同国际金融机构的保障体系结构不同，其保障框架体现的是不同的管理制度和发展方向。以多边开发银行为例，多数多边开发银行的保障体系层次分明，同时已形成较为完整的体系。综合来看，多边开发银行的保障体系通常包含以下几个要素。

（一）顶层政策声明

顶层政策声明的内容通常包括两种：一种是自愿性质的内容，如国际金融公司的顶层政策声明是致力于促进发展中国家私营部门的可持续发展，内容属于自愿性质；另一种是强制性质的内容，如美洲开发银行的顶层政策声明是集中成员国力量对拉丁美洲国家的经济和社会发展计划等提供资金和技术援助，其他国家可加入其中，但非拉美国家不能利用银行资金。

（二）环境与社会评估审查

环境与社会评估审查是多边开发银行在执行绿色金融业务过程中必须遵循的内容，属于对多边开发银行的强制性要求，即多边开发银行在执行绿色发展方向的金融产品时，需要按照对应的环境与社会评估文件的要求和披露原则，对项目的准备、批准、监测、监管等进行审查，以确保项目的环境与社会风险符合标准。

（三）信息披露政策

信息披露政策是对多边开发银行的强制性要求，即多边开发银行需要公开对应议题的内容和信息，但信息披露的内容不限于环境与社会保护及保障方面的内容。

（四）指南、手册等非强制性政策

最后就是对多边开发银行并不具备强制性的政策。比如，实施最佳方案的参考资料、指南或手册等，可以为客户提供一定的指导和辅助，但并不必需，除非客户与多边开发银行之间有特定的协议。

不同多边开发银行保障体系具体内容如表4-3所示。

表4-3 不同多边开发银行保障体系内容[①]

多边开发银行	顶层政策声明	环境与社会评估审核	信息披露	指南、手册等
美洲开发银行（IDB）	环境与社会政策	环境与保障合规政策及其他保障政策实施指南	信息获取政策	指南、工具
亚洲开发银行（ADB）	保障政策	运营手册：内部保障评估步骤	公共交流政策	原始材料

---

① 马骏、周秋月、殷红：《国际绿色金融发展与案例研究》，中国金融出版社，2017，第86-87页。

续表

多边开发银行	顶层政策声明	环境与社会评估审核	信息披露	指南、手册等
国际金融公司（IFC）	可持续政策	手册：环境与社会评估步骤	信息获取政策	环境、健康与安全指南；实践案例资料；解释文件
非洲开发银行（AfDB）	综合保障政策	手册：环境与社会评估步骤	信息披露和公开政策	指南（建议稿）
欧洲复兴开发银行（EBRD）	环境与社会政策	环境与社会评估	公共信息政策	客户指南
欧洲投资银行（EIB）	环境与社会原则和标准	手册：环境与社会实践和步骤	透明化政策	指南；环境法律材料

二、完整的保障范畴和应用限定

保障范畴主要是公共和私营部门借款模式，一般公私都采用相同的运行保障政策和运行要求，但针对不同的项目会有一定程序上的不同。

应用限定主要体现在借贷工具方面，通常多边开发银行的总体生命适用于所有资助行为，但针对不同的借贷工具（即不同绿色金融产品），多边开发银行会调整对应的保障体系，包括基本政策、纲领、项目的借款等，都会在保障结构和运行程序上有不同的要求（表4-4）。

表4-4 不同多边开发银行不同项目、工具和情境下的应用限定[1]

多边开发银行	自愿、强制、指导政策与流程区别是否清晰	不同绿色金融产品是否应用不同政策条件	不同借贷工具和情境是否应用不同政策条件	公私部门对应的保障要求是否一致	银行与客户责任分配是否清晰
美洲开发银行（IDB）	是	是	是	是	是
亚洲开发银行（ADB）	是	是	是	是	是
国际金融公司（IFC）	是	否	是	否	是

[1] 马骏、周秋月、殷红：《国际绿色金融发展与案例研究》，中国金融出版社，2017，第87-88页。

续表

多边开发银行	自愿、强制、指导政策与流程区别是否清晰	不同绿色金融产品是否应用不同政策条件	不同信贷工具和情境是否应用不同政策条件	公私部门对应的保障要求是否一致	银行与客户责任分配是否清晰
非洲开发银行（AfDB）	是	是	是	是	是
欧洲复兴开发银行（EBRD）	是	否	是	是	是
欧洲投资银行（EIB）	是	否	是	是	是

三、广泛的保障涵盖范围

多边开发银行的保障体系所涵盖的范围有一定的趋同性，同时都较为宽泛，涵盖的项目方向多种多样，且在根据绿色发展领域的创新不断完善和更新。一般来说，多边开发银行的保障体系中都会涵盖包括气候变化、性别平等、劳工权利等方面的核心内容，还有一些多边开发银行开拓了社区健康和安全、跨领域人权等保障内容。

（一）多边开发银行保障体系普遍内容

一是气候变化的内容。随着环境污染和资源浪费造成的影响愈加恶劣，气候变化所产生的问题越来越受民众关注。多边开发银行的保障政策中通常都会要求评估项目的温室气体排放和对气候变化产生的影响；同时在项目可行性方面，多边开发银行都会针对客户与自身做出具体且详细的行动要求和运营要求。

二是性别平等的内容。推动性别平等以及性别扶贫政策是多边开发银行保障体系关注的核心之一，多边开发银行或者会发布应用于绿色发展项目层面的性别政策，或者会将系统性的性别考虑纳入项目运行保障要求中，在推进绿色发展项目过程中实现性别平等和性别扶贫。

三是劳工权利的内容。多边开发银行通常都会将劳工权利问题纳入保障体系要求中，尤其是专门服务于私营行业的金融机构或首要服务于私营行业的银行，都会通过保障体系的系统性运行，提出满足劳工权利的要求，其中包括集体谈判权、工会自由、工资和工作条件、解聘与合同、反就业歧视、移民（非自愿移民）等内容。

四是生态服务的内容。多边开发银行推行绿色金融产品都会将项目或企业对环境和社会的影响两个方面将生态系统服务作为量化要素，即需要项目或企业满足对应的环境和社会影响能力。

五是禁止项目的内容。通常多边开发银行都会发布禁止项目清单，并将其纳入环境与社会保障政策之中，清单之中相对应的项目、活动、产品等，都不会直接进行投资，也不会通过金融中介进行投资，以避免影响绿色发展领域的健康推进。禁止项目一般包括烟草、赌博以及国际法禁止的活动和产品等。

六是社区健康和安全（CHSS）的内容。根据不同的区域以及国家特性，多边开发银行会在保障体系中明确提出不同的要求。比如，非洲开发银行和美洲开发银行就根据区域特性提出了社区健康与安全的要求，包括应急准备和响应、危险材料管理、通用基础设施设计与安全、项目安全人员带来的潜在风险等，主要服务于项目对周边社区的人员健康影响和安全隐患问题。

（二）多边开发银行保障体系开拓内容

有些多边开发银行的保障体系中会开拓一些针对性的内容，如对国家体系的使用，非洲开发银行和美洲开发银行都拥有使用国家或客户方系统的特殊授权。非洲开发银行甚至参与了亚洲国家的技术援助和技术系统设计，以实现在国家层面和行业层面强化国家体系的目的。

第五章　多角度下的绿色金融可持续发展

第一节　基于政府角度的绿色金融可持续发展

政府需要不断加深对绿色金融的认识，并制定相对应的绿色金融政策，即制定出具有奖励性质和支持性质的制度，为各类金融机构和企业、项目制定出用于限制融资条件、规范融资流程以及相应激励举措的政策体系。中国绿色金融政策体系主要由绿色信贷政策、绿色债券政策、绿色保险政策、绿色基金政策、排污权交易政策五大类绿色政策构成。

一、绿色金融政策体系的发展历程

第一阶段是绿色金融政策体系的萌芽阶段，主要体现为政府在国家经济发展和实践过程中意识到因为未能进行科学的发展规划，导致环境和经济建设的平衡被打破，经济建设的飞速提高导致了生态环境的加速破坏和污染，因此提出通过经济杠杆治理环境污染的思路，并制定对应的政策。

第二阶段是通过摸索和实践，使整体思路开始转向优化信贷资源配置，以引导企业绿色发展的方向。多种绿色金融政策在此阶段开始出台，逐渐成为绿色金融政策体系的主体框架基础，加速了绿色发展理念的形成。

第三阶段是政府深刻意识到绿色金融在可持续发展战略中的重要意义，开始不断完善绿色金融和绿色发展领域相关的政策，逐步建立了上面提到的五大类型绿色政策为核心的体系架构，并开始自上而下地推广绿色发展理念。

（一）绿色金融政策体系的萌芽期

此阶段开端于1981年，改革开放的快速推进使环境问题日益凸显，政府开始真正关注经济快速发展所带来的环境问题，并逐步形成了用经济手段来治理环境问题的思想。

1981年，国务院制定了中国首个具备绿色金融思想的政策性文件《国务院关于在国民经济调整时期加强环境保护工作的决定》。文件明确提出要利用经济手段来推动节能减排和环境保护工作，提出运用经济杠杆激发企业的主观能动性，促使企业提高资源利用率并主动治理污染，从而为中国经济的可持续发展提供物质保障，最终保护好民众赖以生存的自然生态环境。

1984年，根据《关于环境保护工作的决定》，《关于环境保护资金渠道的规定的通知》发布。该通知中明确了用以环境保护的资金的来源：一切新建、扩建、改建的工程项目必须执行"三同时"，并把所需资金纳入固定资金投资计划；各级经委及有关部门和企业所掌握的更新改造资金中，每年应拿出7%用于污染治理；大中城市按规定提取的城市维护费要结合基础设施建设进行综合性环境污染防治工程；企业交纳的排污费要有80%用于企业或主管部门治理污染的补助资金；工矿企业为防治污染、开展综合利用项目所产产品实现的利润可在投产后五年内不上交；环境保护部门为建设监测系统、科研院（所）、学校以及治理污染的示范工程所需要的基本建设投资，应分别纳入中央和地方的环境保护投资计划，投资额要逐年增加；环保部门的科技三项费用和事业费也应适当增加。[①]

1981年到1994年是中国绿色金融政策体系的萌芽期，此阶段绿色金融政策依旧处于探索时期，政府意识到了环境问题，也充分认识到了解决环境问题不可能仅依靠国家财政，因此创造性地提出了经济杠杆来解决环境问题的指导思想。此阶段的绿色金融相关政策多数是原则性文件和纲领性文件，存在污染治理模式、路径不明确且污染治理目标模糊等问题，缺少具体的污染治理措施和行动方案。同时，这和环境问题并未成为制约中国经济发展的重要因素有关，也就是说此阶段政府虽然关注到了环境问题，但如何治理环境污染、如何削减环境污染等思路尚未形成。

（二）绿色金融政策体系的初建发展期

1995年，中国人民银行为了进一步通过信贷政策促进环境保护工作的进行，根据《中华人民共和国环境保护法》和《信贷资金管理暂行办法》（1994年版）做出的相关规定，针对绿色金融发布了《中国人民银行关于贯彻信贷政策与加强环境保护工作有关问题的通知》（以下简称《通知》）。

《通知》要求各金融部门要将重视资源保护、生态环境维系、污染防治等

[①] 路桥：《关于环境保护资金渠道的规定》，《环境科学动态》1984年第8期。

内容纳入信贷体系，做到贷前严格把关、贷中严格管理、贷后严格审查，以便促进环境保护事业和经济建设协同发展。

为了配合金融部门充分运用《通知》的政策实现环境保护，国家环境保护总局（现为生态环境部）在1995年下发了《国家环境保护局关于运用信贷政策促进环境保护工作的通知》，要求金融机构在做出投资决策前获得专业且准确的环境影响信息，并形成《环境影响报告》向当地人民银行和对应的金融机构进行通报，以便投资项目能够兼顾经济发展和环境保护。

2001年，证监会制定了《公开发行证券的公司信息披露内容与格式准则第9号——首次公开发行股票并上市申请文件》，正式向高污染企业通过二级市场进行融资提出了环保要求，即企业在进行融资前，需要先得到省级环保部门的确认文件，同时获得融资后资金需要用于符合环保要求的项目。

2001年，国家环境保护总局（现为生态环境部）在证监会文件的基础上，发布了《关于做好上市公司环保情况核查工作的通知》，向地方环保部门提出了核查上市公司环保情况的具体要求，正式将监督职责纳入政策，以避免上市公司因不合理地运用筹集的资金而导致环境风险。

2002年，中国正式核准了《京都议定书》，成为其中的第37个签约国。2004年，国家发改委、科技部、外交部根据《联合国气候变化框架公约》和《京都议定书》的规定，结合中国的国情，在兼顾经济发展、清洁发展、权益维护和项目有序开发的前提下，共同制定了《清洁发展机制项目运行管理暂行办法》，要求清洁能源项目的发展必须符合中国的可持续发展战略和相关的法律法规，以便促进中国经济和社会的可持续发展。2005年，三部委又协同财政部制定了《清洁发展机制项目运行管理办法》，对清洁项目需要达到的减排量和收益分配规则等进行了明确的规定。

2006年，中国保险业发展迅猛，为了发挥保险业促进经济发展和社会建设的重要作用，国务院发布了《国务院关于保险业改革发展的若干意见》，提出了发展环境污染保险需要试点投放，以便推动环境污染责任保险业务的完善和推行。

2007年6月，中国作为积极承担国际责任的发展中国家，开始注重保护全球气候系统、应对气候变化，发改委联合多个部委制定了《中国应对气候变化国家方案》，涉及中国应对气候变化问题的原则\立场等五部分内容，内容中虽然未明确提及绿色金融，但明确了通过金融来助推环境保护事业的思想，即政府要加大节能产品的购买力度，同时为资源节约型、节能环保型项目提供对应的资金、补贴、政策支持。

2007年7月，国家环境保护总局（现为生态环境部）、中国人民银行、银监会（现为银保监会）三部委经过研究后，为了落实《国务院关于印发节能减排综合性工作方案的通知》和《国务院关于落实科学发展观加强环境保护的决定》的相关要求，联合发布了《关于落实环保政策法规防范信贷风险的意见》，指出要通过严格信贷环保要求来推动企业树立节能减排的意识。

2007年11月，银监会（现为银保监会）为了配合国家制定的节能减排战略，出台了调整和优化信贷结构的《节能减排授信工作指导意见》，提出金融机构不得为政策明确要求淘汰的高污染、高耗能行业提供信贷支持，同时要大力支持节能减排项目的发展。该意见规定金融机构要制定对应措施，回收落后产能项目已经投放的信贷，以便通过控制信贷来推动节能减排项目的发展。

2007年12月，国务院先后出台和完善了三份与环保相关的文件，包括《国务院关于落实科学发展观加强环境保护的决定》《国务院关于保险业改革发展的若干意见》《国务院关于印发节能减排综合性工作方案的通知》。国家环境保护总局（现为生态环境部）为了落实文件精神，健全环境污染责任保险制度，制定了《关于环境污染责任保险工作的指导意见》，强调环境污染责任保险对社会、经济、环保的重大意义，同时提出要依靠政策推动、市场运作、加强监管、互惠互利等指导思想来推动环境保险的发展。

2008年1月，绿色信贷对推动经济环保发展的重要作用被国务院和中国人民银行等重视起来，国家环境保护总局（现为生态环境部）和世行国际金融公司合作制定的《绿色信贷指南》应运而生，为绿色信贷在中国的良性发展提供了政策保障。2008年2月，绿色证券的试点工作正式开展。

2008年2月，政府开始重视上市公司环境保护工作对社会环境和经济发展的重要影响，国务院和证监会均提出要加强对上市公司环保工作的核查和监督。基于此，国家环境保护总局（现为生态环境部）发布了《关于加强上市公司环境保护监督管理工作的指导意见》，对加强上市公司环境监督、提高环保工作检查力度、完善环保核查制度、探索环境信息披露机制、开展上市公司环境绩效评估试点等工作提出了具体的要求，明确提出了政府引导机制的重要性。

2010年3月，环境保护局（现为生态环境部）和世界银行国际金融公司的合作研究成果《促进绿色信贷的国际经验：赤道原则及IFC绩效标准与指南》一书成型。其介绍了赤道原则的内涵，揭示了社会和环境可持续性发展的绩效标准，并基于此制定了62个行业进行融资时需要考察的内容和标准。

2011年8月，发改委等四部委发布了《清洁发展机制项目运行管理办法（修订）》，完善了相关的管理办法，同时明确了办事流程和各机构的权责范围。自此，清洁发展项目的审批、监管和实施等均开始有迹可循。

2011年9月，为了实现企业环境数据实时共享，推动绿色信贷政策广泛实施，环境保护部（现为生态环境部）环境与经济政策研究中心（简称"政研中心"）联合银监会（现为银保监会）和中国人民银行开始进行基于证据的绿色信贷政策评估体系的研究工作，正式开始建立企业环境绩效数据库，并为金融机构提供实时查询功能，便于监测金融机构的环境绩效。

2011年10月，发改委向相关试点下发了《国家发展改革委办公厅关于开展碳排放权交易试点工作的通知》，其中决定设置七个独立的碳排放权交易试点，旨在通过试点工作积累经验以便推广。

2011年11月，环境保护局（现为生态环境部）依据"十二五"要求及国务院关于节能减排和环境保护的要求，印发了《"十二五"全国环境保护法规和环境经济政策建设规划》，提出要探索绿色金融项目、排污权交易等环境经济政策的实施经验，通过科学评价和研究将环境经济政策上升到法律法规层面。

以上规划政策的发布意味着中国政府开始大力推进环境经济政策的完善，也开始大力发挥绿色金融推动环保经济发展的重要作用。此阶段的时间跨度是从1995年到2011年，绿色金融政策体系在探索过程中不断完善，而且随着政府对经济和环境可持续发展的重视，绿色金融政策体系逐渐形成了较为完整的核心框架。虽然此阶段环境污染治理、节能减排、清洁能源开发等领域都取得了一定的成果，但并未形成相互联系和依存的完整体系，所以无法对中国环境状况产生实质化的影响和推动。不过，随着绿色金融政策体系核心框架的完善，通过金融活动推动绿色发展的经济发展模式必将逐步得到完善。

（三）绿色金融政策体系的完善期

国务院发布的"十二五"规划为中国绿色金融的未来发展奠定了理论框架，指明了发展方向。从2012年开始至今，中国绿色金融政策体系开始正式进入完善期，政府明确提出要建立绿色金融体系，并依此为基础促进绿色金融产品类型的多样化发展。

整体来看，绿色金融政策体系完善期可以分为两个阶段：

第一个阶段是2012年到2014年，各种绿色金融政策开始依托发展期建构的框架进行完善和细化,并进一步探索了绿色金融发展的创新模式。

2012年2月,银监会(现为银保监会)按照国务院绿色金融投融资标准以及"十二五"规划的规定,制定了《绿色信贷指引》,将绿色信贷的发展提升到战略高度,开始采用政策推动金融机构优化信贷结构最终促使金融业发展结构的蜕变。

2012年11月,党的十八大提出在全面建设小康社会的同时紧抓生态文明建设,将节能环保的理念融入各行各业的发展之中,从根源处落实生态环境保护的观念,一方面融入企业发展促进其改变和优化产业结构,另一方面融入日常生活推动民众重视环境保护和节能减排。

2013年12月,环境保护局(现为生态环境部)、发改委、人民银行、银监会(现为银保监会)根据国务院的环保工作和社会信用体系建设要求,制定了《企业环境信用评价办法(试行)》,明确提出金融机构要建立环保守信奖励、失信惩戒制度,针对企业的污染情况制定详尽的评价与管理办法。

2014年4月,《中华人民共和国环境保护法》(2014年修订)经全国人民代表大会审议通过,其主要目的是推动中国生态文明建设并促进经济可持续发展。

2014年6月,银监会(现为银保监会)为贯彻环保要求和节能减排要求,制定了《绿色信贷实施情况关键评价指标》,专门为金融机构量身定做了绿色信贷评价体系,要求金融机构将绿色信贷理念和评价体系纳入发展战略中。

2014年12月,发改委和财政部等多部委为引导绿色发展基金的PPP模式推广,陆续出台《政府和社会资本合作模式操作指南(试行)》《国家发展改革委关于开展政府和社会资本合作的指导意见》《财政部关于政府和社会资本合作示范项目实施有关问题的通知》等政策文件。这些政策文件旨在推动环保类项目PPP模式的发展,关注点集中在水污染治理和水环境综合治理方面。

第二个阶段是2015年至今,主要是完善绿色金融市场框架和具体实施方式,将绿色信贷、绿色债券、绿色保险、绿色基金和碳金融作为中国绿色金融体系的组成部分。

2015年4月,国务院发布了《中共中央 国务院关于加快推进生态文明建设的意见》,针对绿色信贷、绿色债券和环境保险等绿色金融项目提出了政策支持。

2015年9月,国务院设计了中国首套《生态文明体制改革总体方案》,首次明确提出了要建设完善中国绿色金融体系,并明确了绿色信贷在绿色金融发展方面的重要作用，提出要以财政补贴的方式扶持绿色信贷发展和配套辅助工作实施。

2015年12月，中国人民银行为了促进绿色债券的健康规范发展，发布了《银行间债券市场发行绿色金融债券有关事宜的公告》《绿色债券支持项目目录（2015年版）》，明确划分了绿色债券的项目范畴，包括污染治理、清洁能源、清洁交通、污染防治、节能、生态保护和适应气候变化六个大类，并进行了逐一细化和分类界定等，令原本较为模糊的绿色债券有了明确界定和标准。同月，发改委发布了《绿色债券发行指引》，明确指出了绿色信贷相关政策具体实施的范围、审核要求等，完善了绿色债券发行制度。

2016年3月，《中华人民共和国国民经济和社会发展第十三个五年规划纲要》正式发布，确立了绿色信贷、绿色发展基金、绿色债券是中国绿色金融体系的主体内容。

2016年3月和4月，上海证券交易所和深圳证券交易所先后发布了绿色公司债券业务试点通知，分别是《关于开展绿色公司债券试点的通知》《关于开展绿色公司债券业务试点的通知》，明确了绿色债券募集的资金是用于绿色产业发展的债券，同时对绿色债券发行的流程和监管做出了对应规定和标准。

2016年8月，中国人民银行和财政部等七部委联合印发了《关于构建绿色金融体系的指导意见》，明确定义了绿色金融，并进一步完善了绿色金融体系的内涵，指出绿色债券、绿色信贷、绿色发展基金、绿色保险、碳金融、绿色股票指数和相关产品等均属于绿色金融体系中的内容，同时包括与之相关的各类政策和支持经济将向绿色发展转型的制度等。

2016年12月，国务院印发《"十三五"生态环境保护规划》，提出要完善绿色金融体系中各种相关制度的设计，包括评价、核算、评估等，以便推动绿色金融产业的发展和创新。

2017年10月，《决胜全面建成小康社会 夺取新时代中国特色社会主义伟大胜利——中国共产党第十九次全国代表大会上的报告》提出："加快建立绿色生产和消费的法律制度和政策导向，建立健全绿色低碳循环发展的经济体系。构建市场导向的绿色技术创新体系，发展绿色金融，壮大节能环保产业、清洁生产产业、清洁能源产业。推进能源生产和消费革命，构建清洁低碳、安全高效的能源体系。推进资源全面节约和循环利用，实施国家节水行动，降低能耗、物耗，实现生产系统和生活系统循环链接。倡导简约适度、绿色低碳的生活方式，反对奢侈浪费和不合理消费，开展创建节约型机关、绿色家庭、绿色学校、绿色社区和绿色出行等行动。"

2017年12月，发改委印发《全国碳排放权交易市场建设方案（发电行业）》，宣布正式启动中国统一碳排放交易体系的建设，并通过试点区域的实践数据和经验来完善中国绿色要素的市场政策。

2018年4月，《中共中央关于支持海南全面深化改革开放的指导意见》发布，要求支持海南建立碳排放权交易场，充分发挥海南作为国家生态文明试验区的优势，进一步完善中国绿色要素市场政策。

2019年5月，中国人民银行出台了《关于支持绿色金融改革创新试验区发行绿色债务融资工具的通知》，进一步扩大了试验区绿色债务融资工具所募集的资金用途和范围，其资金可用于试验区绿色产业发展，也可用于企业自身绿色产业领域的业务发展。

2019年6月，国务院印发《中央生态环境保护督察工作规定》，要求各级政府设立专职生态环境保护督察机构，完善生态环境保护核查和监督机制。

2019年11月，生态环境部发布《生活垃圾焚烧发电厂自动监测数据应用管理规定》，旨在规范生活垃圾焚烧发电厂达标排放，以促进排污管理落到实处，使垃圾焚烧厂的环保数据透明化和公开化。

2020年3月，国务院印发了《关于构建现代环境治理体系的指导意见》，提出要强化政府主导作用，并深化企业的主观能动性，动员社会组织和公众共同进行参与，最终为实现生态环保、建设生态文明的美丽中国提供制度保障。其目标是在2025年建立起健全的环境治理领导责任体系、企业责任体系、全民行动体系、市场体系、信用体系、监管体系和法律法规政策体系。

2020年6月，国务院印发了《生态环境领域中央与地方财政事权和支出责任划分改革方案》，明确划分了生态环境保护领域相关工作的权责，建立了中央与地方相携推动中国绿色领域健康发展的机制，充分体现了中央政府在跨区域生态环境保护方面的事权和关键作用，同时优化了政府间权责的划分。

2020年7月，国务院印发了《自然资源领域中央与地方财政事权和支出责任划分改革方案》，明确划分了自然资源保护领域相关工作的权责，对中国自然资源的有偿使用和权益管理做出了明确的统筹管理，同时明确了重点生态保护修复项目的权责划分。

2020年11月，国务院发布了《新能源汽车产业发展规划（2021—2035年）》，明确了要将新能源汽车的发展作为应对气候变化和推动绿色发展的战略举措，为新能源汽车行业的发展提供了方向。

2020年11月，生态环境部为了规范生态环境部建设项目相关的环境影响报告书，公布了《生态环境部建设项目环境影响报告书（表）审批程序规定》，统一了生态环境部审批的建设项目申报时需要填报的报告书，同时规定批准后的项目若出现生态环境保护的相关措施变动，项目负责单位需要重新填写报告书，为生态环保项目的推动和发展创造了高效运行和审批机制。

2020年12月，生态环境部依据《中华人民共和国环境保护法》《中华人民共和国标准化法》，制定了《生态环境标准管理办法》，统一了生态环境保护工作中的各项技术要求，并提出强制性生态环境标准必须严格执行。

2021年1月，生态环境部为落实建设全国碳排放权交易市场的决策部署，公布了《碳排放权交易管理办法（试行）》，旨在规范全国碳排放权交易和相关活动，以便发挥市场机制作用来推动温室气体减排。

2021年1月，国务院发布了《排污许可管理条例（中华人民共和国国务院令 第736号）》，再次规范了排污许可管理，明确未取得排污许可证的企业单位和生产经营者不得排放污染物，并对获得排污许可的排污单位进行分类管理，以便进一步控制污染物排放。

2021年2月，国务院发布了《关于加快建立健全绿色低碳循环发展经济体系的指导意见》，明确了绿色低碳经济体系的发展方向，并提出了体系建设目标，到2025年大力提高绿色产业比重并优化绿色产业结构，形成初步绿色低碳循环发展的经济体系，到2035年在全国普遍形成绿色生产生活方式，推动碳排放达到高峰后逐步下降。

中国绿色金融政策体系发展脉络概览如表5-1所示。

表5-1 中国绿色金融政策体系发展脉络概览[①]

发展阶段	年份	相关政策	相关部委机构或会议	关键信息
萌芽期：1981—1994年	1981年	《关于在国民经济调整时期加强环境保护工作的决定》	国务院	经济杠杆推动环保工作
	1984年	《关于环境保护资金渠道的规定的通知》[基于《关于环境保护工作的决定》（1984年）发布]	中国建设银行、国家体委会、国家竞技科委员会等多部委	明确环保资金来源

---

① 郑立纯：《中国绿色金融政策的质量与效应评价》，博士学位论文，吉林大学，2020。

续表

发展阶段	年 份	相关政策	相关部委机构或会议	关键信息
发展期：1995—2011年	1995年	《中国人民银行关于贯彻信贷政策与加强环境保护工作有关问题的通知》[基于《中华人民共和国环境保护法》(1989年)《信贷资金管理暂行办法》(1994年)发布]	中国人民银行	环保纳入信贷体系
	1995年	《国家环境保护局关于运用信贷政策促进环境保护工作的通知》(配合中国人民银行发布信贷政策的实施)	国家环境保护局(现为生态环境部)	环境影响报告
	2001年	《公开发行证券的公司信息披露内容与格式准则第9号——首次公开发行股票并上市申请文件》	证监会	对高污染企业二次融资提出环保要求
	2001年	《关于做好上市公司环保情况核查工作的通知》(根据证监会文件要求发布)	国家环境保护局(现为生态环境部)	上市公司环保核查
	2004年	《清洁发展机制项目运行管理暂行办法》(基于《联合国气候变化框架公约》《京都议定书》的规定制定)	发改委、科技部、外交部	清洁能源项目需符合标准
	2005年	《清洁发展机制项目运行管理办法》(修订了《清洁发展机制项目运行管理暂行办法》)	发改委、科技部、外交部	明确清洁项目减排量和收益分配规则
	2006年	《国务院关于保险业改革发展的若干意见》	国务院	环境污染责任保险
	2007年6月	《中国应对气候变化国家方案》	发改委	金融助推环保发展
	2007年7月	《关于落实环保政策法规防范信贷风险的意见》(落实《国务院关于落实科学发展观加强环境保护的决定》《国务院关于印发节能减排综合性工作方案的通知》要求)	国家环境保护总局(现为生态环境部)、中国人民银行、银监会(现为银保监会)	严格信贷环保要求来推动企业节能减排
	2007年11月	《节能减排授信工作指导意见》	银监会(现为银保监会)	配合节能减排战略

续表

发展阶段	年 份	相关政策	相关部委机构或会议	关键信息
发展期：1995—2011年	2007年12月	《关于环境污染责任保险工作的指导意见》	国家环境保护总局（现为生态环境部）	推动环境保险发展
	2008年1月	《绿色信贷指南》	国家环境保护总局（现为生态环境部）、世界银行国际金融公司	发展绿色信贷
	2008年2月	《关于加强上市公司环境保护监督管理工作的指导意见》	国家环境保护总局（现为生态环境部）	上市公司的环保核查及环境信息披露
	2010年3月	《促进绿色信贷的国际经验：赤道原则及IFC绩效标准与指南》	环境保护部（现为生态环境部）、世界银行国际金融公司	制定62个行业融资考察标准
	2011年8月	《清洁发展机制项目运行管理办法（修订）》	发改委、科技部、外交部、财政部	明确机构职责和办事流程
	2011年10月	《国家发展改革委办公厅关于开展碳排放权交易试点工作的通知》	发改委	绿色要素市场
	2011年12月	《"十二五"全国环境保护法规和环境经济政策建设规划》	环境保护部（现为生态环境部）	探索绿色金融
完善期：2012年至今	2012年2月	《绿色信贷指引》	银监会（现为银保监会）	绿色信贷升至战略高度
	2013年12月	《企业环境信用评价办法（试行)》	发改委、央行、环境保护部（现为生态环境部）、银监会（现为银保监会）	环保守信奖励和失信惩戒制度
	2014年4月	《中华人民共和国环境保护法》（2014年修订）	全国人民代表大会	环保法律法规
	2014年6月	《绿色信贷实施情况关键评价指标》	银监会（现为银保监会）	完善绿色信贷评价体系
	2014年12月	《政府和社会资本合作模式操作指南（试行）》《国家发展改革委关于开展政府和社会资本合作的指导意见》《财政部关于政府和社会资本合作示范项目实施有关问题的通知》	发改委、财政部等多部委	PPP模式

续 表

发展阶段	年 份	相关政策	相关部委机构或会议	关键信息
完善期：2012年至今	2015年4月	《中共中央 国务院关于加快推进生态文明建设的意见》	国务院	完善绿色金融体系架构
	2015年9月	《生态文明体制改革总体方案》	国务院	明确提出建立绿色金融体系
	2015年12月	《银行间债券市场发行绿色金融债券有关事宜的公告》《绿色债券支持项目目录（2015年版）》	中国人民银行	规范绿色债券市场，明确绿色债券项目范围
	2015年12月	《绿色债券发行指引》	发改委	完善绿色债券发行制度
	2016年3月	《中华人民共和国国民经济和社会发展第十三个五年规划纲要》	十二届全国人大四次会议	确立绿色金融体系主体
	2016年3月和4月	《关于开展绿色公司债券试点的通知》《关于开展绿色公司债券业务试点的通知》	上海证券交易所、深圳证券交易所	明确绿色债券资金流向、发行流程和监管
	2016年8月	《关于构建绿色金融体系的指导意见》	中国人民银行、财政部等七部委	确立绿色金融体系内容
	2016年12月	《"十三五"生态环境保护规划》	国务院	绿色金融产品创新
	2017年10月	《决胜全面建成小康社会 夺取新时代中国特色社会主义伟大胜利——在中国共产党第十九次全国代表大会上的报告》	中国共产党第十九次全国代表大会	开拓绿色金融产业范围
	2017年12月	《全国碳排放权交易市场建设方案（发电行业）》	发改委	启动中国碳排放交易体系
	2018年4月	《中共中央国务院关于支持海南全面深化改革开放的指导意见》	国务院	生态文明试验区
	2019年5月	《关于支持绿色金融改革创新试验区发行绿色债务融资工具的通知》	中国人民银行	扩大绿色债务募集资金用途范围
	2019年6月	《中央生态环境保护督察工作规定》	国务院	完善环保督察体系
	2019年11月	《生活垃圾焚烧发电厂自动监测数据应用管理规定》	生态环境部	规范生活垃圾焚烧发电厂排污管理
	2020年3月	《关于构建现代环境治理体系的指导意见》	国务院	提出2025年建立完善的环境治理体系

续 表

发展阶段	年 份	相关政策	相关部委机构或会议	关键信息
完善期：2012年至今	2020年6月	《生态环境领域中央与地方财政事权和支出责任划分改革方案》	国务院	明确生态环境保护权责
	2020年7月	《自然资源领域中央与地方财政事权和支出责任划分改革方案》	国务院	明确自然资源保护和修复权责
	2020年11月	《新能源汽车产业发展规划（2021—2035年）》	国务院	明确新能源汽车发展的核心价值
	2020年11月	《生态环境部建设项目环境影响报告书（表）审批程序规定》	生态环境部	建立绿色项目高效审批流程
	2020年12月	《生态环境标准管理办法》	生态环境部	明确生态环境标准的制定、实施、备案与评估方法
	2021年1月	《碳排放权交易管理办法（试行）》	生态环境部	正式推动和规范碳排放权交易及相关活动
	2021年1月	《排污许可管理条例（中华人民共和国国务院令 第736号）》	国务院	规范企业或生产的排污管理
	2021年2月	《关于加快建立健全绿色低碳循环发展经济体系的指导意见》	国务院	明确绿色低碳循环发展生产体系的健全方案

以上都是依托前期数十年的实践经验来实现绿色金融政策体系的跨越式发展的，并通过金融政策的引导，以市场为导向将金融资源逐步配置到绿色产业、污染治理、低碳环保行业中，致力推动中国粗放型的经济发展模式，最终形成以绿色、低碳、清洁、环保为代表的高新产业，实现中国经济和社会的可持续发展。

二、绿色金融政策体系特征

（一）绿色信贷政策

绿色信贷政策通常由政府部门会同对应的管理机构共同出台，如中国人民银行、银保监会等金融机构管理的部门，其内容主要是针对金融机构所经营的信贷类业务，通过绿色信贷政策的推动来促进企业或项目向绿色发展靠拢及过渡。

(二)绿色债券政策

绿色债券政策是政府为了促进市场向绿色发展领域发展而出台的一系列绿色金融政策,即通过引导金融机构或企业发行债券来为具有绿色性质的项目筹措资金,推动金融机构注重绿色发展项目,也促进企业开发更多带有绿色性质的项目。

(三)绿色保险政策

绿色保险政策是政府部门和银保监会等针对企业生产过程中因生产经营行为或事故可能引发严重环境污染或生态破坏的现象而制定的对应的保障类政策。其目的是通过绿色保险来提高金融机构及企业对环境风险防范、灾后重建、损失补偿等方面内容的重视程度,一方面为企业提供保障,另一方面增强企业和金融机构的绿色发展观念。

(四)绿色基金政策

绿色基金政策中最具代表性的就是绿色PPP模式,即通过政府与社会资本进行合作的PPP模式动员和引导社会资本参与国家绿色发展,以各种优惠绿色基金政策发挥政府经济杠杆的巨大作用,加速推动绿色产业的完善和发展。

(五)碳排放权交易政策

碳排放权交易政策是碳金融领域和绿色要素市场政策中的一项巨大创新,通过碳排放权交易试点政策以及电力行业推广政策的实施,能够从源头限定主要碳排放行业总体的二氧化碳排放量,从而推动整个行业进行技术升级,最终淘汰行业中落后的产能。这既能够推动电力行业的快速蜕变,优化整个电力产业结构,又能够实现节能减排的战略目的,从而充分发挥绿色发展领域的优势。

第二节 基于企业角度的绿色金融可持续发展

随着中国经济的快速发展,环境问题日益严峻,政府和金融机构在政策和金融产业方面都在竭力引导经济发展向绿色化转变。从企业角度而言,要维系绿色金融的可持续发展,提高企业自身的经济效益和绿色产能,就必须将绿色投资理念融入企业文化和发展战略之中。

一、企业发展理念和投资行为的绿色化

绿色发展理念已经逐步成为未来经济和社会发展的关键，无论从国际层面、国家层面还是金融层面看，企业的发展和投资行为都面临诸多生态环保和节能减排的义务与责任，这就要求企业从发展理念、投资行为等各个方面实现绿色化转变。

（一）遵循环境法律法规，承担环境义务

1. 遵循法律法规

不同地域的经济发展情况不同，所制定的涉及环境的法律法规也会有所差别，企业在不同的地域扎根发展时，首要做到的就是遵循当地的法律法规和整体发展规划，履行对应的社会责任，承担对应的环境义务。

环境义务包括两个层面：一个层面是正式的生态环保义务，包括国际生态环保标准、国家生态环保发展规划、地方生态环保政策、金融机构投融资生态环保政策等；另一个层面是非正式的生态环保义务，其前提是企业具备绿色发展理念之后，以企业自身的战略发展计划来激发主动性，承担起对应的环境义务，其中包括地方政治利益集团、行业协会、公益组织、企业或项目所处社区、企业或项目涉及的居民等团体的环保期望和要求。

也就是说，在发展战略方面，企业不仅要顾忌自身经济利益和社会环境利益，还要履行必要的非正式环保义务，包括与居民、社区的和睦相处，遵循居民和社区的环保发展要求，并积极参与当地的环境保护事业，推动环保产业的发展。

2. 具体做法

首先，企业要做好绿色项目的筛选，即围绕项目投资的生态环保义务进行尽职调查，充分考虑生态环境的承载力，同时结合地方环境法律法规和民情进行调研，尽可能地降低不可逆的环境风险，以确保企业发展和项目发展能够绿色化。

其次，企业进行并购、新建项目时，要依照当地环境监管的要求，系统地进行环境风险评估，对项目和并购的企业进行风险识别，以便后续能够有效进行运营管理。

进行环境风险评估时可能会出现三种情况：一是项目或并购的企业并无环境风险和环境影响，此情况下企业可以直接将其纳入自身管理体系中进行综合管控；二是出现了法规符合性方面的问题，包括环境影响评价体系存在的问题、项目或并购企业的某些行为步骤不符合环境健康和安全法规及标准、排污

\ 第五章 多角度下的绿色金融可持续发展 \

许可证的问题、整改和彻查所需资本投入过大等，这需要企业有针对性地进行处理和解决，包括项目整改、土地修复、污染治理、信息披露、风险评估、计划措施、许可证过户、拉拢投资等各种方式[①]；三是项目或并购的企业可能存在潜在不可逆的环境污染问题，包括土壤污染、地下水污染等，或者是项目存在政策层面的扩张限制等，这种情形下唯一的处理方式就是中断项目和停止并购。

通过绿色项目筛选和环境风险评估，企业能够更好地对环境信息进行公开发布，从而提高投资者对企业运行环境风险的管理，也能够加强投资者的投资信心，降低投资的风险，最终推动绿色金融产业的发展，使企业在绿色化发展道路上愈行愈远。

（二）培养绿色投资理念，推行可持续发展

企业需要在发展战略中融入绿色投资理念，合理权衡利润和环境保护之间的关系，做到实现追逐利益的同时，确保遵循环境保护的要求，最终实现可持续发展。

企业要国际自愿性环境规则，如遵循全球契约、环境管理体系标准等，同时践行国家对环保发展的政策法规，从发展战略层面培养绿色投资理念，这样既能够加强企业的社会责任感，又能够提高企业自身的竞争力，顺应绿色经济的发展浪潮。当然，企业在遵循各种环境规则时，还需要根据自身情况，借鉴国际先进经验来制定最适合自身发展的环境管理政策，从根源上推动企业打造绿色品牌，实现可持续发展。

最好的做法就是在遵循各种环境规则的基础上，建立高度透明的环境信息披露制度。首先，政府部门已经建立强制性要求上市公司披露环境信息的制度，未来必然会延伸到发行债券的企业，最终所有企业都需要披露环境信息；其次，环境信息披露可以促进金融机构运用信息进行环境风险分析，以便降低投资项目产生的环境风险、信用风险等；最后，第三方机构能够运用企业披露的环境信息编制各种绿色企业指数，然后根据相关绿色指数进行企业排名，这不仅有助于绿色企业获得融资支持，还可以辅助绿色企业创立绿色品牌，使其增加一笔宝贵的无形资产。

企业自身建立环境信息披露制度能够推动自身的绿色转型，契合社会经济发展趋势，也可以根据环境信息披露制度完善惩戒机制，避免发布虚假、伪

---

① 中国人民大学重阳金融研究院、中国人民大学生态金融研究中心：《人大重阳智库作品系列 绿色金融丛书 绿色金融与"一带一路"》，中国金融出版社，2017，第198-202页。

造、遗漏重要环境信息，从而推动企业培育环保意识和社会责任感，引导企业开发项目时避免污染性投资，最终促使整个金融产业向绿色金融发展。

二、企业发展模式和开发技术的绿色化

企业的可持续发展不仅体现在发展理念和投资行为方面，还体现在项目技术以及发展模式方面。

（一）绿色项目技术的创新发展

创新是推动企业发展的不竭动力。随着绿色发展观念的推广和融入，企业若想实现可持续发展，就需要坚持技术创新，同时将绿色观念和技术创新相融合。

比如，通过自主研发或并购引进，研发出一套具有核心竞争力的节能环保技术体系，建设和运行环保设施或项目时，要将节能减排原则置于首位，在项目设计、设施造型、系统运维等各个方面保持环保创新，使整个技术体系都依托环保技术创新。企业可以和各种高新企业在节能环保技术领域展开合作与深入交流，通过汲取经验来创新自身的绿色技术体系，并以绿色技术体系为核心，构建出绿色技术引导企业发展的绿色路径。

（二）构建绿色发展模式

除了依托绿色技术体系外，企业的壮大扩充和可持续发展还需要依托适宜自身的绿色发展模式。最成熟的绿色发展模式就是建立绿色供应链机制，即企业从传统供应链入手，将每一步都纳入环境因素，尽量减少每个供应步骤对环境造成的影响。

比如，企业在采购过程中，可以在合约中明确规定交易双方必须遵循环境约束要求，对存在重大违反环保行为的供应商，可以采取降低采购份额、终止合同、依据合约要求处理等措施。另外，如果供应商隐瞒其自身违反环保的行为最终导致企业产生损失，那么企业可以依据合约采取法律手段来让供应商赔偿损失，还可以通过提高绿色供应商的采购数量、缩短付款期限、提高采购价格等激励措施，提高供应商的绿色环保意识，实现供应商阶段的生态化和绿色化。

这种培育绿色环保意识，实现阶段性绿色化的方法可以推广到整个供应链，包括产品绿色设计、绿色采购、绿色生产、绿色物流、绿色服务等各阶段，最终从设计到生产再到供给都实现绿色化转换，引导整个供应链的绿色化转型，进而引导消费者绿色消费。

第三节　基于金融机构角度的绿色金融可持续发展

绿色金融的发展需要依托适宜中国绿色金融政策体系和中国实际国情而发展起来的各种金融机构。从金融机构角度看，要实现绿色金融的可持续发展，就需要基于政策和国情构建起特色的绿色金融制度，在法律法规以及各种政策的框架下，将绿色发展理念和绿色发展战略推广到金融市场。

一、金融机构的政策体系形成

中国金融机构推动绿色金融可持续发展的政策体系完全依托国家法律法规和政策的形成。

（一）遵循政府政策和法律法规

2014年，《中华人民共和国环境保护法》修订版正式发布并实施；2015年，中国人民银行发行了《绿色债券支持项目目录（2015年版）》，发改委则发布了首份《绿色债券指引》；2016年，中国人民银行等七部委联合印发了《关于构建绿色金融体系的指导意见》。

以上这些法律法规和政府政策都为绿色金融体系的建设提供了方向，搭建起了以政府为主导且相对完整的、具有可操作性的绿色金融要素体系和框架。金融机构在发展自身绿色金融产业的过程中，需要响应和遵循国家绿色发展的政策要求。比如，在法律法规的框架之下制定严格的环境标准、审查机制，严控环境风险较高的项目，项目运行中按相关法律要求进行管理和监督，严格审查项目"三废"是否达到排放标准、严格管控项目节能环保性是否达到国家标准，等等。[1]

（二）将绿色发展理念融入发展战略

虽然中国绿色发展理念在政府牵头和引导作用下已经进入快速发展期，但与已经相对成熟的发达国家绿色金融市场相比，我国金融市场中的绿色发展理念无论培育还是发展都处于初期。

绿色发展理念的培育是一个长期发展的过程，只有在政府政策的指引下，

---

[1] 张丽：《我国绿色金融发展的经济与环境效应研究》，硕士学位论文，中国矿业大学，2019，第38页。

将绿色发展理念融入金融机构的发展战略之中，并在金融业务运行中引导客户和项目认可绿色发展理念，才能够逐步挖掘出绿色金融市场的发展潜力。

比如，中国银行在境外发行30亿美元绿色债券的路演中，欧洲投资者专场中有七成左右的问题都会围绕项目是否能够产生足够的环境效益，而且会在确认债券拥有绿色认证后，欣然接受其低于其他同评级债券的利息。也就是说，欧洲投资者已经形成了完善的绿色发展理念，在确认绿色债券情况后，即使会损失一部分收益也会向绿色发展领域的投资项目靠拢。

在投融资决策中，金融机构应该践行绿色发展理念，并将其作为金融业发展战略的核心理念之一，充分考虑项目的环境因素以及环境和社会风险，将支持重点和政策重点偏向节能环保、绿色发展的领域，同时严格控制对高污染、高耗能、产能过剩行业的投融资，从发展理念方面进行转变，以构建金融机构支持绿色经济和可持续发展的长效机制。只有这样，才能够引导企业和项目向绿色经济领域靠拢。

金融机构除了应严格控制对"两高一剩"项目的投融资外，还应制定对应政策重点支持生态友好型的绿色产业，包括制定对应的优惠政策、补贴政策等，支持清洁能源、环境治理、生态修复、生态农业、新能源开发、绿色建筑、绿色交通等绿色项目，推动社会资本向绿色产业聚集，最终形成自上而下的绿色发展理念。

（三）借鉴国际绿色信贷准则：赤道原则

赤道原则是国际上主要金融机构可持续性项目融资较为通用的信贷准则，不仅能够在决策阶段对项目进行过滤和分类，引导社会资本流向绿色发展项目，还能够有效控制污染类项目的投融资。

金融机构是资源配置的重要枢纽，因此在绿色发展的道路上起着非常重要的作用。中国金融机构可以借鉴赤道原则的金融模式，实现资源配置的优化，从而推动绿色项目的发展。

在借鉴赤道原则的过程中，金融机构需要注意两个关键问题。首先，需要针对自身的实际情况，结合国内经济发展形势和政策走势，将赤道原则内化为适用于自身的信贷原则。比如，可以借鉴赤道原则架构一整套完善的绿色信贷体系，包括绿色发展理念、项目分类、项目筛选、环境风险评估、恰当的绿色金融工具等，从决策到执行、从制度到流程、从能力建设到信息披露、从体系到工具等全方位管理机制，促成具有可操作性的绿色金融行动指南。其次，要随时关注国家绿色发展相关政策，并以国家政策为核心导向不断调整绿色信贷管理机制,即在借鉴赤道原则建立绿色信贷管理机制时,各个阶段都需要对应结合国家的产业政策标准,综合评估项目对环境的影响,并积极收集项目的环境评估数据,培育绿色信贷理念,建构完善的绿色信贷体系。

二、金融机构的绿色金融产业体系

(一)创新绿色金融产品和工具

绿色发展领域的项目通常体现为周期长、不确定因素多、融资渠道窄但资金需求量大,同时项目运行过程中不确定因素也较多,因此金融机构若想为绿色项目服务,就需要创新金融产品和工具。

首先,根据绿色项目周期长的特点,获得长效稳定的资金来源。比如,通过绿色债券、绿色发展基金,以及排污权、碳排放权、水权和用能权等环境资源权益进行抵押融资,同时结合国家相关政策缓解资产负债的期限结构错配问题。

其次,针对项目运行过程中不确定因素较多的特性,金融机构需要建构完善的风险识别和管理机制,以有效控制项目运行过程中可能会产生的各种风险。比如,运用环境责任险等绿色保险,不仅可以转移项目遭遇环境事故产生的风险,还能够充分运用金融市场的运行机制来监督项目过程中的环境风险行为;可以设立绿色担保基金或绿色发展基金等金融工具,来引入社会资本分担绿色项目的融资风险,同时降低融资成本;金融机构可以构建完善的绿色评价体系和绿色指数体系,通过绿色评价体系设置环境指标来有效衡量企业信用等级,通过绿色指数体系设置环境指数来评估项目的环境和社会风险。

最后,针对绿色项目资金需求量大且融资渠道窄的特点,金融机构可以五大类基础金融产品和工具为核心,衍生各种绿色金融产品。比如,可以通过质押项目的未来收益来满足项目融资需求,即以项目的未来收益权为资本来吸引社会投资,这一方面能够解决项目的资金问题,另一方面能够通过金融机构的信用额度来降低投资者的投资风险。

(二)企业环境绩效评估指标体系的建构

随着国家和社会对环境问题的关注度不断提高,企业开始逐步增强环保意识。金融机构作为优化资源配置的重要机构,需要发挥出自身引导社会资本和经济发展向绿色项目靠拢的指引作用,因此要根据国家的绿色金融政策体系的具体要求,结合现实情况建构起企业环境绩效评估指标体系,以引导企业同步实现经济绩效和环境绩效。

环境绩效评价是对环境管理体系运行效果和管理效果的检验，也是验证所建构的环境管理体系是否达到标准的手段。金融机构建构该体系时首先要明确建构体系的目的，考虑企业行为所涉及的各方利益主体，包括企业自身、周边环境、项目涉及民众、社会环境等；其次，要完善环境绩效评估指标的内容，不仅要包含环境生态影响指标、环境风险指标、环境管理绩效，还要评价企业运行项目过程中管理环境的综合能力；最后，要建立其评价激励机制，即在监督企业注重环境影响和降低项目环境风险的同时，适当给予环保企业或项目、符合环境绩效评估指标的企业或项目一定的融资优惠和便利，以便调动企业创新节能环保技术、优化绿色产业机构、深入绿色发展领域的积极性。

（三）建立绿色金融专营机构或专业部门

绿色金融产业是未来金融机构最具潜力的发展内容，想要完善绿色金融的产品和服务，就需要整合金融机构的资源系统，将单一、散落在不同部门的绿色金融业务统一纳入专营机构或专业部门进行管理，即成立绿色金融专业部门，以便整体推进金融机构绿色金融战略的实施。

绿色金融专业部门需要从人力资源、财务资源、考核机制、信贷计划、绿色金融产品和服务等几个方面独立运作，整个部门运作过程中要积极践行绿色金融战略，并承担起对应的引导企业绿色发展、保护社会生态环境、推动经济可持续发展的多重责任。

比如，商业银行可以建立绿色金融专业部门来全力推广绿色信贷业务，并从组织架构、政策制度、管理模式、审批流程、内部管控、信息披露等各个方面严格核查绿色信贷项目的环境和社会风险，通过对应的分类筛选机制、行业授信政策、差异化信贷手段等来引导企业绿色发展；证券公司可以通过建立绿色金融专业部门来推进绿色债券发展，以促进融资，通过挖掘绿色项目融资渠道、优化绿色项目融资流程等方式，降低绿色项目和环保型企业的融资成本，推动企业绿色发展。

不同优势和发展方向的金融机构可以通过建立特色的绿色金融专业部门来推出相关的绿色金融产品和服务，这样不仅能够完善绿色金融基本要素体系，还能够通过引导性、专业性推介和服务，加强企业和民众对生态环境保护以及经济可持续发展的重视。

（四）建构完善的信息披露制度

生态环境保护、经济可持续发展一方面需要金融机构的政策引导，另一方面需要通过相对应的环境和社会风险信息披露制度来培育金融机构自身的环境责任理念,以监督企业的绿色发展。

中国绿色融资通常面临信息不完全、信息不对称的问题,以至于影响投资者的信心和投资意愿,而且绿色项目通常具有投资期限长的特点,投资者若没有足够的经验和先例,就会对绿色项目的投资偏向风险产生厌恶,从而造成投资不足。

金融机构通过完善环境和社会风险信息披露制度,一方面可以降低金融机构的环境责任风险和运营风险,另一方面可以通过信息收集向社会资本分享各种绿色项目的投资经验,提升投资者的信心,提高绿色项目的透明度,从而更易吸引投资者将资金配置到这些优质的绿色项目中。

信息披露制度最常见的就是临时报告和定期报告。一般情况下,临时报告会在项目投资决策完成之后进行,以披露项目基本信息、投资金额、投资方式、项目的社会和环境风险、消除风险制定的措施计划等内容为主。定期报告有两个主要内容:一是披露项目的发展情况、金融机构的经营情况和财务状况等;二是项目对节能环保等绿色发展的推动、金融机构对可持续发展的贡献等。这些信息可以直接披露于金融机构官网,一方面接受社会监督,另一方面便于投资者获取信息,从而进行投资决策。

第四节 基于消费者角度的绿色金融可持续发展

从消费者角度来实现绿色金融的可持续发展,就需要在消费者群体中实现绿色消费,即以消费者身体健康和节能环保为宗旨,建构符合环境保护要求和民众健康需求的消费行为。绿色消费是一种基于消费具备生态意识和理性消费行为的消费方式,倡导绿色消费能够促进社会从需求端缓解乃至解决生态环境危机,通过适当的培养,逐步改变消费者偏好,从而依托市场的供求机制来推动绿色产业发展。

进入21世纪以来,中国经济得到了长足的发展,但同时出现了消费程度远超实际需求、资源消耗剧增、污染排放加剧的严重后果。在这样的背景下,培育消费者绿色消费的意识和理念,通过健康消费行为推动整个社会的生态文明建设,促进经济结构转型,加速绿色经济发展,就成为一条成本较低且见效较快的现代化发展路径。综合而言,从消费者角度促成绿色金融的可持续发展需要从以下三个方面推进。

一、政府政策引导绿色消费

绿色消费行为具有非常明显的正外部性，也就是说绿色消费行为能够对整个社会的公共环境和他人产生溢出利益，他人不需要支付任何费用就能够无偿享受到绿色消费带来的溢出福利。

但对比而言，传统消费行为熏陶下成长起来的消费者潜意识中会感觉无偿为他人带来溢出利益会有损自身的利益，同时由于任何消费者都能够享受到其他消费者创造的溢出利益，所以消费者很容易在环保利益和自身利益的取舍方面陷入两难境地。这容易使绿色消费构建过程中出现市场失灵现象。在这样的背景下，政府必须发挥宏观调控的作用，介入消费市场并通过法律法规、行政手段、经济推动等方式规范市场；保护生态环境。

政府需要从三个方面发挥其引导绿色消费的作用。

（一）培育社会的绿色消费风气

首先，要加大环境保护教育的投入力度，开展全民绿色教育，培养消费者的绿色观念，倡导消费者进行绿色消费。可以通过基础教育、社会教育、舆论引导等方式引导消费者逐步树立绿色消费的理念，尤其是对处于成长阶段的消费者（学生群体），可通过教育体系、宣传体系进行绿色消费引导，促进消费者认同并逐步践行绿色消费，最终形成绿色消费风气。

其次，通过深入开展全民反对浪费的活动、开展反对过度包装的行动、开展反对食品浪费的行动、开展反对过度消费的行动、开展理性消费的活动等，以活动参与的形式引导消费者的消费观，营造践行绿色消费和避免浪费的绿色社会风气。比如，对严重违反绿色消费和可持续发展观的行为予以惩戒，并通过开展环境破坏、环境污染的后果普及，引导消费者关注生态环境保护，注重资源节约，规范自身行为，最终形成绿色消费观念。

（二）规范和提升绿色产品认证标准

培育消费者绿色消费的观念和行为是一个长期过程，政府在引导消费者形成绿色消费意识的过程中，还需要从产品角度实现绿色市场的转化。比如，支持和鼓励企业进行绿色生产技术的创新和绿色材料的使用，给予践行绿色发展的企业适当的政策支持和经济支持，引导企业的发展观念绿色化。政府可以和不同行业协会或机构协作，建立规范的绿色产品认证体系，包括统一和完善绿色产品标准和认证标志的构建与实施，强化市场对绿色产品的识别，确保消费者能够买到真正的绿色产品，提高消费者对绿色产品的认同感，同时鼓励企业在践行绿色产品的道路上持续发展。

规范的绿色产品认证体系能够增强消费者对自身绿色消费行为的认同感，通过绿色消费行为的宣传、支持和鼓励来变相推动消费者主动践行绿色消费行为，甚至实现绿色消费行为的社会感染效应，加速推动消费市场的绿色化转型。

（三）建构健全的绿色消费长效机制

在逐步培养起消费者的绿色消费观念，以及健全绿色产品认证体系的基础上，政府需要通过推行绿色经济政策、颁布法律法规、加强行政管理来建构健全的绿色消费长效机制。

其中，推行绿色经济政策就是从绿色金融入手，加强对绿色产业的扶持和支持，方便绿色企业的投融资，助力绿色企业生产绿色产品、销售绿色产品，从生产的角度促进企业建立绿色产品开发、生产、消费的发展模式。颁布法律法规需要政府健全绿色消费和绿色生产相关的法律法规，在保障绿色消费的消费者合法权益不受侵害的同时，让消费者能够放心践行绿色消费，从而形成良性绿色市场。加强行政管理需要政府层面加强作风建设，首先是保证行政体系杜绝贪污腐败和奢侈浪费行为；其次是在建立绿色健康的生活方式的同时，提高行政队伍人员的素质和能力，不断培养行政队伍的绿色发展观念和绿色消费行为；最后是完善行政管理机制，加强绿色行政管理建设，确保管理模式自上而下实现绿色化。

二、企业开拓绿色产业发展

绿色消费观念和行为的推广和普及在很大程度上依托市场上绿色产品的供需关系，若市场上绿色产品的供给不足，消费者的绿色消费行为就无法得到有效的满足。因此，在培养消费者形成绿色消费观念和习惯的同时，需要大力扶持生态产业，促进企业形成绿色发展观念，从而生产出足够满足供需关系的绿色产品，促使绿色消费长久持续。

（一）扶持绿色生态产业发展

若想让绿色产品广泛地展现在消费者的多样化需求市场中，就需要重点从绿色农业、绿色工业、绿色服务业等领域大力扶持，保证市场能够出现足够多的供消费者选择的绿色产品。

发展绿色生态农业的目标是促进市场出现多样化的绿色农产品和农副产品，这就需要将生态学原理运用到农业生产之中，包括绿色种植、绿色管理、绿色采摘、绿色运输、绿色销售，确保农产品和农副产品的多方效益有机统一，即在满足经济效益的同时，实现社会效益和生态环境效益。

发展绿色生态工业的目标是建构可持续循环发展的工业生产体系，充分运用清洁生产和加工技术，确保工业产品在原材料、设计、生产、销售过程足够绿色和健康，实现多层次、多功能的循环经济工业生产。

发展绿色生态服务业的目标是针对消费者的日常生活各类活动，推广绿色发展理念，打造绿色消费空间，包括涉及消费者的衣食住行、社交娱乐、教育科研等各个行业。比如，光盘行动推动的是绿色饮食、无废酒店、无废旅游等，推动的是绿色居住和绿色旅游；依托互联网推行的各种活动实行网上缴费、网络购票、网络预约挂号等，一方面能够为消费者提供各种生活便利，另一方面能够减少多次驾车出行产生的高碳排放量。

（二）创新绿色消费营销手段

要促进消费者的绿色消费，除了在产品和服务方面提供便利和多样化绿色选择空间外，还需要创新能够激发消费者需求的营销手段，即在现有的绿色产品体系基础上运用恰当的营销激发消费者的绿色消费欲望。

首先，要针对绿色产品制定恰当合理的价格体系，让消费者感受到选择绿色产品不但健康，而且值得，更能产生环境效益。这一点不仅需要整个市场体系进行支持，还需要政府通过政策进行扶持。比如，绿色产品通常生产成本偏高，如果依据市场规则，绿色产品的销售价格必然会比传统产品更高，这无疑会局限消费者的选择；但若市场体系给予绿色产品一定的价格补贴，如进行适当的绿色产品优势宣传等，让消费者感受到物有所值，就能够逐渐转变消费者的消费观念。

其次，充分发挥互联网的优势，打造绿色产品的"互联网+"销售模式，如线上网页设计、网店布置、信息透明度等，以及线下仓库建立、绿色产品贮存、产品运输、产品销售等，均以绿色元素进行装饰，且践行绿色发展的理念，确保产品从生产到最终服务都实现绿色化。

最后，打造绿色品牌，不仅要先明确绿色产品的品牌定位，还要拓展绿色产品的品牌深度和广度，实现最优化的品牌效应。当然，整个流程都需要建立在践行绿色发展理念的基础上，最终打造出良好的绿色口碑，以及广受消费者接受和喜欢的绿色品牌。

三、发挥消费者的主观能动性

绿色消费习惯的形成最主要的还是要发挥消费者的主观能动性，实现消费者从内心深处遵循绿色消费的理念并践行绿色消费的行为。这需要从两个层面去实现。

（一）思想层面：引导消费者形成绿色消费意识

政府部门、公共机构、舆论媒体等各个渠道都应该大力宣传合理的绿色消费观，可以通过互联网推广绿色消费的典型案例和事迹，同时给予绿色产业更多的政策支持。

在整个消费市场层面逐步灌输绿色消费理念后，通过各种活动引导消费者形成绿色消费意识，同时给予消费者最大的便利，保证消费者能够较为轻易地学习到绿色产品和绿色消费的相关知识，从而推动消费者正确理解绿色消费的深层内涵，培养出消费者的生态环保责任感，令消费者认识到绿色消费的主旨是保护消费者的健康，以及绿色消费行为和绿色生活方式符合人的健康环保标准和社会可持续发展需求，能使消费者主动学习和提升绿色消费的知识和认知，并主动引导身边人践行绿色消费行为。

（二）保障层面：强化消费者权益保护

与培养绿色消费观念和意识同时进行的，是加强和维护消费者的绿色消费权益，这需要构建完善的消费者权益保护组织。该组织需要从维护消费者的权益出发，开展各种深化绿色消费的活动，一方面加强绿色消费的宣传和教育，另一方面通过活动促进消费者明晰自身的权益。

另外，需要积极受理消费者在践行绿色消费时遭受不公待遇或权益受损后的投诉，保护组织要加强维护消费者权益的力度，将投诉分轻重缓急进行妥善处理，增强消费者对绿色消费的信心，最终促进全社会的消费者积极进行绿色消费。

第六章 绿色金融可持续发展的机制构建

第一节 完善绿色金融发展的金融政策

2016年9月,二十国集团(G20)领导人第十一次峰会在中国杭州举办。在中国和英国的共同倡导之下,G20峰会议程中被创造性地加入了绿色发展理念,同时在中国的倡议和推动之下,成立了G20绿色金融研究小组,并在峰会上提交和通过了《G20绿色金融综合报告》,成为全球绿色金融领域的引领性文件。自此之后,绿色金融议题持续成为G20峰会的重要内容。

2013年,习近平同志在出访东南亚和中亚各国时,先后提出了共建丝绸之路经济带和21世纪海上丝绸之路的重大倡议;2015年,经国务院授权,发改委、外交部、商务部等多部委联合发布了《推动共建丝绸之路经济带和21世纪海上丝绸之路的愿景与行动》。"一带一路"倡议所覆盖的地域十分广阔,涉及国家众多,生态环境复杂,投资领域多元,资金需求量庞大,因此在"一带一路"建设之初,中国就高度重视沿路国家的生态文明理念培养和资源环境保护。

G20的绿色金融议题、建设绿色丝绸之路的双重经济发展需求对绿色金融的国际合作提出了迫切的要求。

一、绿色金融政策体系分析

中国人民银行将支持环境改善和应对气候变化、促进资源高效利用、减少资源浪费等各方面的金融活动统称为绿色金融,政府则将基于通过引导和服务于金融机构,从而更好地实现绿色金融目标的政策统称为绿色金融政策。从此角度看,中国绿色金融政策体系根据绿色金融类型的不同分为五大类。

(一)绿色信贷政策

第六章 绿色金融可持续发展的机制构建

绿色信贷的最终目的是通过金融机构的绿色信贷来推动社会和经济的可持续发展，同时优化金融机构的信贷结构，降低金融机构投融资的环境和社会风险。发展绿色信贷是构建资源节约型和环境友好型企业或项目、实现经济和社会可持续发展的重要经济杠杆。

绿色信贷政策就是基于绿色信贷产业所发布的各种促进其发展的政策。综合来看，绿色信贷政策主要有两类：一类是从宏观层面将金融机构绿色信贷业务开展情况纳入整体环境评估，并制定相关绿色贷款专项统计制度的政策，通常由中央政府制定；另一类是从微观层面用以指导金融机构规范进行绿色信贷、完善绿色信贷过程、监督绿色信贷实施效果的详细政策，多数由银保监会、地方政府机构制定。

政府制定的绿色信贷政策直接作用于商业银行，政策内容也是针对商业银行的绿色信贷产业。比如，在发放贷款之前，商业银行需要依据政策提出的标准，审核验证贷款项目是否符合绿色信贷的要求，只有符合绿色信贷政策要求的项目才能被发放贷款；对于政策明确限制以及不鼓励的行业或项目，则不能提供贷款或续贷，甚至可以依据政策追回已经发放的贷款。

从此角度来看，绿色信贷政策主要是以市场化手段，通过限制不符合绿色信贷要求和标准的项目获得融资，督促企业或项目自发进行技术改造或注重节能减排，并鼓励企业转型为绿色行业。同时，绿色信贷政策能够推动不适应社会和经济绿色发展的粗放型经济模式的快速淘汰，加快绿色项目的发展。

（二）绿色债券政策

绿色债券是企业在资本市场进行绿色项目直接融资的金融工具，即将所得资金专门用于符合特定条件和标准的绿色项目或者为这些绿色项目进行再融资的金融工具。

绿色债券主要有四个特性：一是募集资金的用途具有特定性和特殊性；二是绿色项目的评估和选择具有程序的特定性和特殊性；三是针对绿色项目募集的资金需要特定的跟踪管理；四是募集资金投入绿色项目后要出具对应的年度报告。[1]

根据不同的绿色债券类型，需要不同的负责机构进行政策制定和完善，包括绿色金融债券、绿色企业债券、绿色公司债券、绿色项目债券等，具体的规则由银保监会、证监会、发改委、中国人民银行等分别制定。

---

[1] 王新哲、周荣喜：《我国工业企业发行绿色债券的问题及对策分析》，《南京航空航天大学学报（社会科学版）》2017年第3期。

因为绿色项目通常获得的收益较低且周期过长，企业投资最终的目的是获取利润，所以一般不会青睐绿色项目。政府通过绿色债券政策中的优惠和补贴可以变相提高绿色项目的盈利水平，降低绿色债券的发行成本，从而使企业增加绿色债券的发行和绿色项目的投资，最终推动绿色项目的发展。

（三）绿色基金政策

绿色基金在形式和类型上主要有三类：一是纯政府投资的基金，通常由政府财政拨款成立，主要用于支持当地的环保类绿色项目的运营和发展，具有很强的公益性，也可以说具有投资大但收益小、期限长等特性。二是纯市场化的基金，通常由基金机构、信托机构或资管机构通过成立基金产品来募集社会资金，并将募集的资金用于环保类绿色项目，具有很强的功利性。这类基金通常拥有非常明确的产品架构和盈利模式，但对应的是投资风险较大。三是PPP模式支撑下的绿色基金，由政府牵头并提供担保，由社会资本参与并执行，两者合作成立一支基金，政府投入资金比例很小，通常起到的是战略引导作用，社会资本则占比很大，并设立对应的专业第三方机构（环保类机构）负责对项目进行改造和运营，为项目提供专业的技术支持。PPP模式是绿色基金中发展潜力最大且政府大力推广的一类，包含前两类基金的主要优势，具有收益稳定、资本来源多元且量大的特点。

绿色基金政策主要针对的是PPP项目，通常由政府主导制定各种针对PPP项目绿色基金的优惠政策，以便推动绿色PPP项目快速落地并实施。其政策体系起到的是引导绿色基金良性发展、推动绿色项目发展的作用。

政府制定的绿色基金政策直接作用于基金市场，这是专门针对低碳经济、节能减排、环境优化改造等绿色项目而建立的投资基金，最主要的目的是通过专项基金的资本投入来推动节能减排事业和生态环保事业的发展。

其中，最主要的优惠政策就是PPP模式中典型的BOT模式，通过特许经营权下发给私营企业，给予私营企业参与基础设施建设，从而为整个社会提供公共服务。BOT模式下，政府通过政策要求和标准，授权给企业承担此项目的投资、融资、建设、运营、维护等，在整个授权期内，私营企业可以向设施使用者收取适当的费用，政府则在此过程中承担项目和设施运维的监督权，以确保项目和设施能够满足政策要求。当授权期满后，企业可以根据政策要求将设施有偿或无偿移交给政府进行运作。[①]

---

① 汤恒：《抓好生态立项 搭好融资平台 建好生态共青城》，《经济师》2012年第3期。

(四) 绿色保险政策

绿色保险是在市场经济条件下进行环境风险管理的一项基本手段。此类保险出现的源头就是工业化和城镇化发展所造成的大量设施建设和运行，最终导致大量安全生产责任事故，致使生态环境被破坏，造成环境污染，使人民群众的生命、财产安全受到严重威胁。这种工业化和城镇化发展造成的环境和人员损失通常无法挽回，后果也极为严重。

基于此，绿色保险在国家政策的推动下应运而生。其中，最主要的险种是环境污染责任保险，此类保险主要针对的是对环境会造成危害和破坏的企业或项目，以及拥有潜在安全事故风险的企业或项目。其目的是将企业治理污染的成本、污染物排放成本、安全事故风险成本内部化，即由企业前期购买保险提升其成本来推动企业主动开发设备技术、减少污染排放、提高资源利用率、降低环境破坏等，促使企业主动加强内部安全生产意识和绿色环保意识，提高自身的灾害预防能力等。

中国绿色保险主要有三类模式：一是强制参保模式，上述的环境污染责任保险就属于此类，即只要会对环境造成破坏和污染的企业或项目，都需要购买此类保险；二是自愿与强制结合的参保模式；三是强制责任保险与财务担保结合的参保模式。

绿色保险政策的制定能够促使企业主动加强环境风险防范，也能够降低企业或项目的后顾之忧，如巨灾保险能够使生产者做出生产决策时降低自然灾害对生产侵害的担忧。同时，绿色保险政策的推广也能够在很大程度上减小政府财政压力，从而将有限的财政资金用于更为急迫的领域。比如，通过环境污染责任保险能够将环境污染治理所需的财政支出导向生产企业，一方面加强企业的生态环保意识，另一方面强制企业承担环境污染责任。

政府制定的绿色保险政策直接作用于环境风险要素，主要目的有三：一是辅助建立环境风险管理体系，即政策推动保险业参与环境风险管理。一方面，保险可以提供市场化运作中环境风险的经济补偿，帮助企业应对可能出现的各种环境和灾难风险；另一方面，保险可以推动企业和项目向绿色产业过渡。二是绿色保险能够发挥增信融资能力。一方面，可以拓宽绿色项目的融资渠道，降低绿色项目的经营风险；另一方面，能够提高项目的融资能力。绿色保险的资金提供期限和项目周期一般都会吻合，为绿色项目提供了长期的资金保障。三是绿色保险可以推动绿色产业的大力发展。以太阳能光伏发电类绿色项目为例，光伏发电厂的收益主要受太阳辐射强度的影响，当太阳辐射强度不确定时，收益也将不稳定。针对这种情况，保险机构开发了光伏辐照指数保险、光伏电站综合运营保险等绿色险种，为太阳辐射强度不确定的环境风险造成的电站损失提供保障，从而推动社会资本向太阳能光伏发电类的绿色产业靠拢。

（五）碳排放权交易政策

中国碳排放权交易的理念主要来自已经较为成熟的排污权交易，最初主要用于治理河流污染和大气污染。其政策制定主要通过政府核算某项污染物排放的最大值或目标值，然后将其定位为该污染物的法定排放最大值，通过该污染物的排放企业的实际情况，将该污染物的排放总量进行分割，分别发放给企业，最后在规定的期限内核算企业排放该污染物的总量，企业则可以通过买卖分配到的份额来匹配自身的排放总量。

比如，核算期内企业排放该污染物超出了分配额，就需要购买未达到分配额企业的排放量，以便平衡排放总量。这样的交易政策能够推动企业注重节能环保，提高企业对生态环境污染的责任感。同时，排污企业为了减少生态环境污染成本，会针对自身情况研发低排放设备，提高生产技术水平，减少污染物排放等，从而整体推进企业的绿色发展。

政府制定的碳排放权交易政策直接作用于污染物排放行业。通过政策的推行，政府能够在很大程度上获取污染物排放的控制，从而通过引导和政策推动来达到某一特定污染物排放的治理目标。比如，政府可以通过逐年降低某一特定污染物的排放总量，来变相推动此类污染物排放企业或项目升级设备、研发低排放技术、淘汰落后产能等，逐步实现此类污染物的治理目标。

二、完善绿色金融政策体系

绿色金融政策体系主要由绿色金融中五类产业政策形成，因此完善绿色金融政策体系需要分别从这五个方面实施。

（一）完善绿色信贷政策

相对整个绿色金融体系而言，绿色信贷政策是其中较为完善的一项，但同样面临一些问题，主要包括缺乏完善的评价制度、缺乏对应的竞争机制、缺乏专业性人才队伍、缺乏贷后监督机制，因此完善绿色信贷政策就需要从以上四个层面入手。

1. 完善绿色信贷的评价制度

首先，制定绿色信贷统一的标准体系。2019年，发改委颁布了《绿色产业指导目录（2019年版）》，对绿色项目的界定更加清晰细化，其中对包括具有节能效应的城乡基础设施建设、水路交通、能源管理中心、工业节能等难以细化统计和定义不精准的项目进行了删除，新增了绿色服务、清洁能源、绿色建筑、绿色交通、绿色装备制造、绿色产业园区升级、能源系统高效运行等项目。同时，对原本定义争议较大的项目进行了标准化定义。比如，生态农业扩充了绿色渔业、森林游憩、健康养生产业、农作物种植保护地等产业；水力发电产业中清晰定义了符合绿色产业范围的水力发电设施的规模和适应地域，不符合规模和范围的不再归属为绿色产业；生态保护产业增加了生态功能区建设维护和动植物资源保护两类内容。

虽然该目录对绿色产业的界定非常详细且全面，但其中并未对绿色产业项目进行权重划分和优先级分类，金融机构在依托该目录进行绿色信贷业务时容易无法判断项目优先级和权重，因此在此方面需要继续完善。

其次，金融机构应制定统一的绿色信贷评价体系。虽然不同的金融机构有不同的绿色信贷服务，但对整个绿色信贷产业进行分析会发现这些业务和服务具有非常明显的同质化特性。针对这种情况，金融机构可以制定统一的绿色信贷评价体系，在进行评价时结合金融机构年报公布的指标来测算综合得分，包括资产负债率、资产总量、资产结构、资产不良率等，通过统一评价体系和机构特定指标来综合评价绿色信贷项目。

2. 建立并完善行业竞争机制

政府可以通过统一的绿色信贷评价体系以及评价指标来测算金融机构的绿色指数。通过指数分析可以将金融机构分为两类：一类是完成绿色指标标准的金融机构；另一类是未完成绿色指标标准的金融机构。政府可以为完成标准的金融机构提供更加优惠的政策以及宽松的监管环境，不为未完成标准的金融机构提供优惠政策，同时加强监管。这种不记排名但政策倾斜的方式就能够对两类金融机构产生激励和鞭策作用，从而加速推动金融机构整体向绿色产业靠拢。

3. 完善专业人员培训制度

绿色信贷业务是金融机构非常重要且占比较重的发展内容，同时绿色信贷的发展和绿色金融的发展一直处于探索和完善阶段。在这样的背景下，金融机构需要建立产学研与岗位培训相结合的培训制度。

产学研融合的方式能够促进金融机构从业者在实践中发现绿色金融发展中存在的问题，然后通过专业研究机构进行分析并提出理论，再以金融机构为试验场进行实践，最终制定出能够指导绿色信贷和绿色金融发展的政策，引导整个金融机构从业者解决实际问题。

岗位培训则是为了加强从业者的执行力度,提高从业者的执行能力,只有深入了解绿色金融发展的理念,督促从业者在从业过程中积极落实各种政府政策和金融机构政策,才能实现金融机构整体的绿色发展。

4.健全连带问责机制

金融机构的主要业务是运作资本。由于资本具有强逐利性,因此金融机构更偏重支持能够为自身带来高收益回报的项目。随着绿色项目的界定越来越清晰,基于绿色项目的绿色信贷业务所得到的收益回报出现了大幅下降,在这样的背景下,难免会有人为了谋求高额回报,用不正当手段为非绿色项目发放绿色信贷。

为避免这样的现象出现,金融机构需要健全自身的连带问责机制。比如,中国人民银行可以和生态环境部合作建立监管机构,严查新建污染企业或污染项目,并追溯寻根,了解金融机构是否存在对应的违规行为。若存在违规行为,则向金融机构进行问责并明确责任,从上到下进行连带问责。

(二)完善绿色债券政策

绿色债券业务现存的主要问题和困境有三类:一是绿色债券投融资需求缺口极大,投融资理念冲突的问题;二是提高绿色债券投资收益与降低绿色债券融资成本的政策并不统一;三是国内外对绿色债券的认定标准并不完全统一。因此,完善绿色债券政策就需要从以上三个方面入手。

首先,绿色债券投融资缺口和理念冲突主要由融资者与投资者的理念冲突造成。从融资者角度分析,绿色债券募集的资金会投资于绿色项目,能够带来良好的社会和环境效益,因此应该享受融资期限长、融资成本低的优惠政策;从投资者的角度分析,绿色债券也是债券,应该符合债券投资的一般规律,即保证在安全的基础上获得债券收益,并保证债券流动性强、灵活性高。这就造成供求双方的理念有了分歧和冲突,从而容易出现绿色债券期限错配、供求缺口大的问题。要解决此问题,政府需要继续降低绿色债券的融资成本,给予对应的政策优惠,同时不断宣传环境责任投资理念,逐渐引导投资者向绿色项目靠拢。

其次,降低绿色债券融资成本的政策与提高绿色债券收益的政策并不统一和衔接,且金融机构在绿色债券产品和服务的创新方面有很大不足,这就需要先统一政策标准,使降低成本的政策和提高收益的政策能够彼此呼应、相互衔接,形成完整的闭环,然后加强绿色债券市场基础设施建设,为绿色债券的发展提供足够的空间和环境，引导金融机构创新产品和服务。

最后，不同国家的发展模式和发展阶段并不相同，因此国内外关于绿色债券的认定标准并不统一，但统一肯定是未来的趋势，所以建立与国际统一的绿色债券认定标准需要循序渐进，要针对国内自身的实际发展情况逐步进行调整，同时时刻关注国际绿色债券标准的变动和发展，分析其趋势以优化国内绿色债券产业的发展路径。

（三）完善绿色基金政策

绿色基金的发展主要面临两个问题：一是绿色投资理念尚未被从业人员广泛接受，责任投资意识欠缺；二是信息不对称、不透明。因此，完善绿色基金政策需要先对绿色基金进行明确定义，统一绿色基金的标准和评估体系，然后实施对应的激励措施，包括优惠政策和补贴等，加强投资者对绿色基金的认识和投资意愿，最后建立起完善且明确的信息披露机制，包括明确信息披露规范、披露范围、披露时间，统一信息披露格式、内容、频率等，以便实现信息公开透明。

作为绿色基金业务中最主要的业务形式，绿色PPP模式也存在一定的问题，主要体现在三个方面：一是政府体制弊端和管理问题，包括管理规范不统一、审批流程不明确等；二是金融机构参与绿色PPP模式的方式较为单一，没有创新性和开拓性；三是绿色PPP模式的社会资本准入门槛较高，投资回报机制不健全等。

完善绿色PPP模式首先要从政府层面入手，完善配套政策并建立对应的体制机制，提升政府管理部门专业化水平和管理效率。其次，要拓宽绿色PPP模式的参与路径。现今参与PPP模式的金融机构以银行为主，其实多数PPP项目都属于大型项目，保险公司、证券公司、担保公司等金融机构都能够在项目过程中提供支持，因此可以激发这些金融机构的参与热情。最后，需要通过政策鼓励中小企业参与PPP项目，如可以将大型项目分拆为多个子项目，建立完善的项目转移机制，降低中小企业的参与门槛，使其以少量资金广泛参与。

（四）完善绿色保险政策

绿色保险产业虽然是绿色金融体系中的一项主体，但在发展过程却远远落后于其他几项产业的进展，主要原因是政策的强制性不足和企业对环境污染责任的认识不足，致使大量可能会引起环境风险的企业并未加入环境污染责任保险中。

完善绿色保险政策需要针对绿色保险产业的发展现状循序渐进，具体分为三个阶段。

第一个阶段，政府要加强监督和立法，建立起完善的参保行业名单，可以进行三级分类来确定名单。其中，处于环境风险较高级别的行业，所有企业都需要强制参保，未参保者要进行严格处罚；处于环境风险中等级别的行业，政策应该鼓励参保，保险公司则可以根据企业的设施完善度、经营管理状况等给予一定的优惠折扣，加强企业的环境风险意识和社会环境责任意识；处于环境风险较低级别的行业，可以允许企业自愿参保，政策可以通过减免部分税收、绿色贷款贴息等方式来鼓励企业参保。[①]

第二个阶段，政府部门需要牵头不断完善相关的绿色保险条款。环境污染责任保险涵盖的行业极为广泛，涉及的企业也非常众多，而不同企业的规模、情况有所不同，保险公司又无法为每个企业量身定做保险合同，这使企业和保险公司难以保障自身的利益。基于这种情况，政府需要牵头建立信息公开透明的交流平台，将保险公司、投保企业和第三方评估单位一同纳入其中，通过评估单位竞标的运营方式来推动平台的完善和发展。企业可以通过平台自由选择保险公司，保险公司则可以根据第三方评估单位的评估信息来决定是否承保，或者根据评估信息为不同企业制定不同的保险条款。

第三个阶段，政府部门应该建立严格的惩戒机制，推动企业培养和健全环境保护意识以及环境风险责任意识。比如，通过环保活动宣传和推广，借助互联网媒体普及环保意识和环境风险责任意识，让企业认识到生态环境情况与企业的可持续发展息息相关；通过违法严厉惩罚的政策，使企业违法成本最大化、破坏环境概率最小化，最终令企业自愿并自觉参保环境责任保险。

（五）完善碳排放权交易政策

碳排放权交易的发展主要存在三个问题：一是环境相关权益交易的社会认知尚存在极大不足，一些中小企业并未加入环境权益交易体系；二是碳排放权交易相关的法律法规不够完善，无论环境权益的内容核定还是最终的权益定价都不够清晰；三是整个环境权益交易市场的机制并不健全，一方面缺乏工具创新，另一方面涉及的权益内容不够全面。

针对上述问题进行政策完善，政府首先要加强各种环境权益有偿使用权的宣传，包括排污权、用能权等，使企业认识到环境权益与自身息息相关，从而树立正确的环境权益的有偿使用意识。其次，要加强对环境权益的核定，尤其

[①] 郑立纯：《中国绿色金融政策的质量与效应评价》，博士学位论文，吉林大学，2020，第18页。

是排污权的核定和立法，明确排污标准和核定排污指标体系，同时统一排污定价。最后，完善环境权益市场机制。目前，环境权益交易市场以排放权和使用权为主，应该尽快将排污权和资源使用权纳入该体系，并创新交易工具，可以通过期货、远期、期权、互换等衍生金融工具来加速环境权益市场的发展。

第二节　完善绿色金融发展的法律制度

中国绿色金融的政策体系尚不完善，其中最缺乏的就是对绿色金融的顶层设计，尤其是绿色金融相关各类标准尚未实现统一，甚至有些绿色金融范畴的政策还处于空白状态。要规范整个绿色金融体系的发展，就需要完善绿色金融相关的法律制度。

2021年3月全国两会期间，全国人大代表、中国人民银行沈阳分行行长朱苏荣提交了一份名为《关于制定〈绿色金融法〉推动绿色金融发展的建议》的文件，提出通过《绿色金融法》的完善和制定，促进绿色金融制度体系的成熟，从而推动绿色金融的快速发展，最终实现绿色低碳经济和可持续发展的目标。虽然2021年3月中国首部绿色金融领域的法规《深圳经济特区绿色金融条例》开始正式实施，但相对而言这部法规的普适性和强制性较差，因为此条例仅为地方性法规，无法形成全国范围内的影响。

一、健全绿色金融相关法律制度的必要性

（一）有法可依

针对绿色金融的发展和推进，中国人民银行、生态环境部、银保监会等部委和机构联合或单独制定了很多对应的规章和意见，但这些文件多数是指引性或指导性文件，没有强制性和普适性。

若绿色金融能够立法，这项法律就会代表全国人民和国家的根本利益，其可以通过严格的法定程序，经过反复探讨、酝酿、研究、修正最终形成，不仅具有强制性、普适性，还能够使绿色金融的发展有法可依。

（二）规范行为

法律法规的规范作用可以概括为三类：一是指引，即对人的行为起到引导作用，通常是一种规范性、普适性指引，具有连续性和稳定性，能够最终形成稳定的秩序。绿色金融的实施主体包括各类金融机构、企业乃至民众，因此同

样需要法律法规来指引正确方向。二是评价,即通过法律法规来规范人们对他人行为的评价标准,主要是通过强制性、普适性标准来对行为人的外部行为和产生的效果进行规范,同时指明行为人应该承担的责任。绿色金融立法需要设定特定的监管部门对绿色金融行为义务方的行为进行评价,以判断其行为是否符合法律法规,并对不符合的行为采取制裁措施。三是预测,即通过法律法规来预估行为人可能会出现何种行为,以及明确出现各类行为后的后果,行为人可以依此为自身的行为做出合理的安排。

(三)促进实施和推广

立法对绿色金融的促进作用主要是依托法律法规制定各种奖励性规范,以便促进行为人主动实践和落实对应的行为。通常奖励性规范有多个种类,如税收减免、利率优惠、环保级别分类和提高等。

在设置奖励性规范时,一方面需要从金融机构的角度出发,如给予实施绿色金融战略的金融机构一定的财政支持或税收减免,鼓励其开展绿色金融业务;另一方面需要从企业角度出发,与金融机构的政策相结合,如商业银行在发放绿色信贷业务时,可以给予投身环保行业或生态发展的企业贷款利率优惠,金融机构可以依托政府的财政支持和税收减免变相提高绿色金融业务的收益,企业则可以依托银行的利率优惠获取投资资金。

(四)提供法律保障

绿色金融立法能够通过法律法规设定明确的外在惩罚措施,以有效约束行为人的行为。比如,2021年2月,国务院发布了《关于加快建立健全绿色低碳循环发展经济体系的指导意见》,明确到2035年全国普遍形成绿色生产生活方式,推动碳排放达到高峰。要实现这一目标,还需要通过立法来明确清晰的目标和计划,以此规划绿色金融的发展路径,通过法律的强制约束力保障碳排放高峰的实现。

明确的绿色金融法律法规能够完善绿色生产生活的法律约束机制和责任机制,从而为最终实现绿色生产生活提供完善的法律保障。具体来说,一方面能够保护遵循法律法规行为人的合法权益;另一方面能够惩罚未遵循法律法规的行为人,起到监督警示和强制推进的作用。

二、完善绿色金融法律制度的设想

中国绿色金融体系的发展完善和绿色金融法律制度的建设都处于初始阶段,和发达国家已经发展得较为成熟的绿色金融法律制度差距还较大,因此可以将国际上绿色金融立法方面较为成功的经验引进中国,结合国内实际情况进行内化,最终完善中国的绿色金融法律制度。具体可以从以下几个方面进行完善。

(一)完善原则体系

任何法律法规和制度体系的完善都需要遵循一定的基本准则。绿色金融法律制度建立的最终目的和宗旨是贯彻实施环境保护理念和实现经济、社会的可持续发展,这一过程必须遵循三个原则。

一是公平原则,包括三个层面的内容,分别是自然公平性、同代横向公平性、世代纵向公平性。也就是将人重新归入自然体系中,任何在自然体系内的物种都具有享受生态利益的义务,以及承担维系生态环境的责任。仅从人类角度而言,自然环境和资源是人类发展和生存的共同基础,若有人破坏生态环境、浪费自然资源,不仅会制约自身发展,还会对后代的可持续发展产生影响。绿色金融法律制度中必须贯彻公平享有自然资源的理念,通过人与自然的公平交易来促进经济利益和环境利益协同发展目标的实现,最终实现人类的可持续发展。

二是生态秩序原则。在人类发展的历史上,经济的快速发展使人类在社会生活过程中通常只会考虑行为对社会秩序的影响,忽略了对生态秩序的影响,最终造成了严重的环境污染和生态破坏。直到进入20世纪,人类才发现生态秩序的稳定才是一切秩序的基础与核心,绿色金融法律制度就是要引导人类自然和谐共处,通俗来说就是要实现自然生态环境与自然资源在人类社会生活中消耗和更新相对均衡,最终保持良好的生态秩序能够有序实现。

三是整体效益原则,即绿色金融法律制度应该统筹兼顾经济效益、社会效益、环境效益。仅关注经济效益的确能够实现巨大的财富增长,也会对经济发展提供巨大的贡献,但忽视社会公平和生态和谐会使人类的社会生活完全倾向经济化,出现通过牺牲环境创造经济财富的现象。绿色金融法律制度就是要实现整体效益的均衡,在保护环境和注重环境价值的基础上寻求经济效益和社会效益的提升,最终实现人类可持续发展的目标。

(二)完善架构和内容体系

绿色金融的发展需要完善的法律架构和内容体系。中国绿色金融的发展还处于初期阶段,不仅需要普及和深化发展理念,还需要逐步建立对应的法律法规体系。比如,《中华人民共和国水污染防治法》《中华人民共和国大气污染防治法》《中华人民共和国商业银行法》《中华人民共和国环境影响评价法》《中华人民共和国环境保护法》《中华人民共和国土壤污染防治法》等均属于较为单独的促进型法律，但对绿色金融的发展和实施尚没有整体促进型法律。

要完善绿色金融的法律架构体系，最迫切的就是前面提到的制定绿色金融发展和实施的母法及基础法——《绿色金融法》。其主体部分应该囊括绿色金融的多个层面。比如，绿色金融部门的法律制度包括以绿色信贷为核心的绿色银行类法律制度、绿色信贷类法律制度、绿色保险类法律制度、绿色基金类（绿色融资）法律制度、绿色金融监管法律制度、绿色金融法律责任制度以及相关排放权交易法律制度等。另外，还需要依托已经发布并实施的各种与绿色发展相关的法律，完善其中涉及绿色金融的相关内容，以便规范绿色金融的发展。

《绿色金融法》的基本内容包括总则、基本管理制度（包括绿色信贷、绿色证券、绿色基金、绿色保险、排放权交易等）、激励措施、法律责任等。

其中，总则中要确立绿色金融法的立法目的，同时对绿色金融相关的各种概念进行统一定义和界定；基本管理制度中要确定绿色金融发展的综合管理部门，如中国人民银行负责组织协调，国务院负责监管各部门，证监会和银保监会则根据职责负责相关工作的监管，各级政府要设立对应的政府金融部门负责区域的绿色金融产业的协调和监督管理；在规定绿色金融发展形式上，主要是针对不同类型的绿色金融产业的发展方向和发展要求做出规定，不需在操作细节上进行重复立法；激励措施可以通过利率政策、税收政策、加强合作等奖励机制，推动和促进绿色金融的发展，其中可以细化到各绿色金融产业的具体名录；法律责任则主要是划分绿色金融发展过程中各种行为需承担的对应法律责任，其中包括惩戒措施。

（三）完善制度体系

在完善绿色金融法律制度的过程中，《绿色金融法》是整个绿色金融发展的顶层设计，也是绿色金融体系中所有细分产业法律和独立法律的总括性法律，其立法目标是为绿色金融发展指明方向和划定权责，以便让各种绿色金融行为有法可依。完善绿色金融法律的制度可以从完善部门法律制度、完善监管法律制度和完善法律责任制度入手，其中完善监管制度会在第四节进行详细阐述，此处仅阐述另外两项内容。

1. 完善绿色金融部门法律制度

关于信贷方面，国家已经制定了《中华人民共和国商业银行法》，要通过法律修正的形式来完善其中对绿色信贷的相关法律规定，包括增加环境风险评估的内容和标准，严格并明确规定绿色信贷的贷款人的义务和责任，逐步完善绿色信贷的法律制度。

关于证券和基金、保险等融资方面，国家已经制定了《中华人民共和国证券投资基金法》，为了推进绿色证券和绿色基金的发展就需要完善其中相关法律规定，包括规定绿色证券和绿色基金的种类与运作制度，确定融资方式、管理制度、分配制度、评估制度等对应的法律内容。同时，要加入环境基金风险防范制度，监督资金投入项目后可能会出现的项目风险和财务风险，并引导和辅助企业规避实施投资行为时易出现的环境风险等。

《中华人民共和国证券投资基金法》中的环境信息披露法律制度对上市公司的行为具有很强的导向作用，对上市公司维系和打造绿色品牌形象具有深远意义，尤其是对上市公司完善环境风险管理制度和环境会计制度有极大的促进作用。但是，环境信息披露法律制度也有一定的局限性，即对未上市的企业没有形成强制性的环境信息披露规定。当然，环境信息披露制度的普适性需要逐步实现，需要在培养未上市企业贯彻环保理念和可持续发展理念的基础上，完善环境信息披露制度。另外，虽然《中华人民共和国公司法》对上市公司的信息披露做了严格要求，但是未涉及环境信息披露的规定，因此其中也要尽快增加对应的立法项目。

环境信息披露法律制度的完善可以从三个方面进行：一是明确环境信息披露对象，包括项目投资者、环保部门、证券监管机构等；二是明确环境信息披露方式，如采用强制公开和自愿公开两种方式，与公共利益、投资者利益、社区民众利益有关的信息应该强制公开，其他信息则可以视情况自愿公开；三是明确环境信息披露的内容，其中必须涵盖与环境相关的信息，包括环境费用投入、项目面临的环境风险情况、企业或项目的环境保护实施以及运转情况等。[1]

2.完善法律责任制度

建立绿色金融法律责任制度应该以追究民事责任为主，以刑事责任和行政责任为补充，这是对市场经济发展模式的顺应，也是提升金融机构民事主体地位的关键步骤。

完善绿色金融法律责任制度可以从三个角度入手：一是对于不按绿色金融法律法规实施绿色金融的机构，如不按绿色信贷规定发放贷款、审核时不对项目的环境风险进行评估等，需要依据金融机构的相关规定追究银行管理人员和

---

[1] 蔡森：《我国绿色金融创新发展策略研究》，九州出版社，2018，第236-238页。

信贷审核人员的民事责任。二是对于未按绿色金融法律法规披露自身环境信息的企业，要追究企业管理人和项目负责人的民事法律责任；若因其行为造成重大环境破坏或事故的，则追究对应人员的刑事责任。三是对于未按绿色金融监管法律制度规定监督管理对应项目的监管人员，要追究其民事赔偿责任和行政责任。

通过完善追责制度，将绿色金融产业对应的各种责任细化，并指代对应的责任人员和部门，给予绿色金融产业参与者警示和监督，从而推动整个绿色金融更加健康地发展。

第三节　完善绿色金融发展的基础设施

绿色金融产业发展的基础设施主要包括排放权交易市场、绿色评级和绿色征信体系、绿色股票指数、绿色数据库以及绿色投资综合平台，这些都是与绿色金融发展息息相关的基础建设。

一、排放权交易市场建设

排放权交易市场是提高节能减排效率、降低减排成本的重要绿色金融基础设施。2014年，国务院印发了《国务院办公厅关于进一步推进排污权有偿使用和交易试点工作的指导意见》，明确了要建立排污权有偿使用和交易制度。排污权仅仅是排放权中的一项，该意见的印发意味着中国绿色市场开始进入阶段性发展期。

自2014年后，随着排污权交易试点工作的不断推行，整个中国的排放权交易市场开始进入实施和完善阶段。2017年，为了顺利启动全国碳排放交易体系，发改委印发了《全国碳排放权交易市场建设方案（发电行业）》，并根据2011年就探索开展的七个省市的碳排放权交易试点的建设和运行经验，开始逐步完善碳排放权交易市场的建设体系。

2021年1月，生态环境部发布了《碳排放权交易管理办法（试行）》，为碳排放权交易市场的有序建设和管理提供了政策依据。2021年7月，发电行业全国碳排放权交易市场正式启动上线交易。

（一）排放权交易市场建设路径

随着碳排放权交易市场正式启动上线交易，中国排放权交易市场开始真正意义上进入开拓建设阶段,下一阶段的任务就是稳步扩大行业覆盖范围,通过市场机制来控制和减少温室气体的排放。

首先,尝试自上而下和自下而上两种推广路径。自上而下的推广就是从全国市场入手构建减排目标体系和履约体系,完善审查体系、市场运作体系和监管体系,建立统一的排放权交易市场规则,以此推动交易市场的健全发展;自下而上的推广是给予区域市场更大的自主权限,如配额自主分配、全国交易市场连接、拍卖资金灵活应用等,以市场机制推动排放权交易市场的多样化发展和体制完善。

其次,统一排放标准并提高排放数据的质量。建立统一的排放标准有利于对排放数据进行统计和规划。提高排放数据的质量需要从三个层面着手:一是统一同行业的 MRV 标准(排放数据的可测量、可报告、可审查),同时逐步与国际社会接轨,使数据得到国际认可;二是严厉打击控排企业谎报排放数据的行为以及第三方机构的包庇行为,保证排放数据的可靠性;三是执行排放数据公开制度,保证数据透明性,促进排放权交易市场的公平公正。

再次,排放总量的设置方面要具有充足的弹性,如排放极大的区域可以合理提高区域排放量额度,循序渐进地控制其排放。慎用抵消机制,结合市场排放总量和减排目标,控制抵消比例和减排量计入期,给予产业结构调整一定的准备期。另外,要逐步收缩市场排放总量额度,设立公开的市场拍卖,避免交易价格大幅波动和需求量大幅波动。

最后,灵活运用排放量配额分配。免费的配额需要针对区域特性灵活使用,根据阶段和产业发展特性进行灵活控制;有偿拍卖的配额要逐步增加,可以先将部分配额进行拍卖,之后逐步扩大范畴和配额,最终使所有配额都进入市场。配额的发放要适当收紧,即政府要留有储备配额,以便调控排放权市场。

(二)完善排放权交易制度建设

排放权交易制度的完善可以从五个方面进行:

一是针对污染和排污重点区域,可以试行跨区域排放权交易。不同行政区域的发展水平不同,污染程度和排污量也会有所不同,因此相同的资金投入在不同区域取得的治污减排效果也会有所不同。可以对相同额度资金投入情况下治污减排效益更高的区域和效益低的地区进行跨区域排放权交易,优化排污减排整体效益。

二是成立治污减排基金,发挥金融产业的经济杠杆作用,撬动社会资本进入。比如，排放权使用费通常会纳入地方财政，地方可以将这部分资金用于环保补贴或成立治污减排基金，以有效引动社会资本进入。

三是建立排放总量与环境容量定期评估和调节机制。排放权交易的最终目的是优化产业结构，改善环境质量，治理环境污染，逐步减少排放总量。建立上述机制不仅能够提高排放总量科学控制，还能够提高排放权的价值预期，从而增加其市场流动性，推动排放权市场的快速成熟。

四是建立开放排放权交易管理平台，一方面可以通过信息公开来加强各区域排放权交易市场的技术提升和政策完善，另一方面能够统筹污染源数据，从而有利于建设排放总量指标管理系统和数据库系统，加强对排放权交易市场的监督和管理，优化排放权配置。

五是健全监管系统，提高违法成本，推动排放权交易市场健康发展，同时加快环境风险信息的公开普及，使全民监督企业的环境风险，提高全民生态环保意识。

二、绿色评级和绿色征信体系建设

绿色评级就是通过科学的评估手段和统一的评估标准，对项目和融资企业进行绿色级别评定，主要评估其环境的外部性。将绿色评级运用到征信系统能够实现金融机构推动绿色项目发展、优化项目或企业绿色结构等功能。

被评为绿色的企业或项目可以根据绿色评级在贷款、融资过程中获得对应的优惠，如政府贴息、减免税率等，从而达到鼓励绿色投资的目的。

（一）统一绿色评级指标

绿色评级指标的确定和统一需要各级政府机构、金融机构、企业共同参与，应选取各种绿色指标和确定绿色元素的权重来统一绿色评级指标，并对绿色评级进行科学分级，以便对应不同的标准和制定不同等级的优惠政策。

（二）分类启动绿色评级试点

针对不同的绿色金融产业，可以分类启动试点。比如，针对绿色信贷，可以在商业银行和政策性银行推广具备一定竞争性和可比性的绿色评级标准，给予不同程度的优惠政策，从而推动金融机构采用绿色评级体系执行金融业务；针对绿色债券，可以通过第三方机构建立双评级体系，即传统评级和绿色评级共存的体系，传统的债券融资项目可以在沿用传统评级体系的基础上加入绿色因素参照或加权，带有绿色性质的项目要给予一定优惠，推动项目向绿色化过渡；建设征信平台系统，引导各级机构和民众积极举报环境违法行为和高环境风险行为,并将征信数据纳入绿色评级体系中,推动全民监督绿色项目的发展。

三、绿色股票指数建设

在中国主要股票指数构成中,传统高污染、高能耗的工业类股票占据较高比例,因此在金融机构做被动投资时很容易将更多比例投向这些传统的污染性行业。为了提高绿色行业被动投资量,就需要建立和推广绿色股票指数,具体可以从以下几方面着手。

(一)经验借鉴

西方市场的绿色产业发展较早,绿色投资比例也相对较大,因此拥有一整套绿色股票指数编制方法和绿色项目评价体系,中国完全可以借鉴其经验,发行更多绿色股票,推动金融机构的投资向绿色产业靠拢。比如,可以和国外成熟指数机构合作,将其绿色股票指数的成果经验应用到中国股票市场;可以鼓励国内市场的中介机构等展开对绿色股票指数的创新开发。

(二)完善信息披露机制

中国绿色股票指数的影响力之所以有限,一方面是因为中国绿色产业的发展处于初期阶段,另一方面是因为相关信息披露机制并不健全和成熟,尤其是上市公司的环境信息披露明显不足。

中国可以吸纳西方较为成熟的信息披露机制,将数据来源进行扩展,将企业信息主动披露、问卷调查、公共反馈信息、第三方审验等纳入机制中,以确保信息披露机制更加完善,使数据来源更加广泛、结果更加公正。另外,可以将其作为绿色投资指数开发过程中的筛选标的,以促进绿色产业的发展。

(三)推动金融业开展绿色指数投资应用和绿色产品开发

绿色产业发展需要更多金融机构投资者的参与,环顾中国股票市场,多数金融投资者主要将沪深大盘股票指数作为投资标的,对绿色产业的投资参与度偏低。股票市场应该引导和推动投资机构运用绿色指数作为投资标的,不断培养股票市场的绿色投资理念,逐步加大绿色产业的投资力度。

相关资产管理机构也应该将绿色指数纳入参照体系,开发更多有针对性的绿色产品,如绿色产业基金、道德基金、可持续基金等,同时开发集合理财、专户理财等多种形式的绿色投资产品,在推广理财产品的同时向客户灌输绿色发展理念,引导客户向绿色产业投资。

四、绿色数据库建设

绿色产业的发展和投资倾向在很大程度上取决于对企业和项目环境成本的核算和评估，但中国绿色产业处于发展初期，核算体系尚不成熟，在对企业环境成本进行评估与核算时容易低估乃至忽略环境成本在政策决策、商业决策、投资决策等方面的重要作用。要想让企业和投资者做出绿色产业发展的投资决策和商业决策，还需要完善环境成本核算体系，也就是加强绿色数据库的建设。具体来说，需要从以下几方面着手。

（一）建立统一的环境成本核算方式

生态环境部可以牵头建立一套具有权威性的企业环境成本核算和评估方法，其中要包含单位环境负荷的经济成本估算、环境负荷数据获取方法和渠道等，且数据源头需要和信息披露机制吻合。

中国市场上有关单位环境负荷经济成本估算的方法有多种。比如，排放权交易市场单位污染物的交易价格；地方税费规定和政策导向；公开研究报告中环境成本相关影响的可货币化估算，包括人体健康损失、环境破坏损失、未来发展损失等；从污染治理角度进行环境成本核算；等等。这些估算方式都有一定的局限性，但整体架构较为全面，完全可以在综合考量的基础上将这些方式进行融合运用。

中国市场上有关环境负荷数据获取的方式也有多种。比如，环境影响评价体系、上市公司环境报告等，但获取方式较为单一，可以根据实际情况，以现有制度为核心架构完善数据获取体系，通过已有的环境影响监控数据和企业报告的环境数据进行有效评估，以满足各情境下的环境负荷数据获取。

（二）建立完善的企业环境成本数据库

企业环境成本数据库可以系统收录企业环境成本信息，同时数据库的庞大分析能力可以方便政策制定者、投资者、研究机构、金融机构等通过相关信息进行对应的数据分析。

西方的企业环境成本数据库已经发展得较为成熟，但其属于营利性机构，获取数据者需要支付高昂费用。中国绿色金融发展处于初期，投资机构在绿色产业投资的意识还较为薄弱，若再收取高昂费用才可使用数据库，必然会影响其最终的投资决策。基于此，可以由金融协会、生态环境部牵头建立公益性的企业环境成本数据库，通过较低的成本投入来为投资者服务，提高数据库的应用性，在形成完善的绿色投资理念后，再逐步转变方式。

（三）建立企业环境成本数据库发展模式

建立企业环境成本数据库，可以从信息获取方便且数据可得性较高的上市公司和重污染企业入手，收集对应的信息披露或环境责任报告中公开的环境信息，包括污染物的种类、污染物排放量、地域性排污收费情况、污染物影响、污染物治理投入等，以此不断完善企业环境成本数据库。

当数据库中拥有较为完善的数据体系后，就可以通过政策性手段，从具有政府背景的金融机构和投资项目入手，增设强制性的环境成本分析的内容，运用鼓励性政策来激发私募基金运用数据库分析环境成本，并运用环境成本核算系统有效进行环境风险管理。在这种双重手段下，数据库会愈发完善，作用也会愈发强大，最终成为各金融机构投资决策必不可少的参考内容。

五、绿色投资者平台建设

绿色投资者平台类似一种集合化网络，能够推动企业自发自律地进行绿色投资、依托平台传播绿色投资理念和方法，推动绿色金融政策向利好变化。建立绿色投资者平台可以从以下几个角度入手。

（一）由政府背景机构牵头发起

可以由带有政府背景的金融协会、金融机构等倡议发起绿色投资者平台的建立，发挥政府背景的公信力和影响力，吸引政策性银行、商业银行、保险公司、证券公司等共同参与。同时，以政府背景机构牵头，可以促使绿色投资者平台产生巨大的示范效应，还可以在平台建设过程中吸纳地方性平台，提升绿色投资者平台的参与度，促进绿色投资理念的推广，拓展绿色融资的渠道，推动绿色产业的发展。

（二）建立绿色投资者平台应用试点

在初步建成绿色投资者平台之后，可以由政府颁布对应政策，政策的内容可以通过多方研讨和意见征集进行完善，然后通过平台发布，以便推动绿色投融资模式的创新应用和经验收集。

通过应用试点的建立，可以使投资机构逐渐向绿色投资靠拢，认识和承担环保责任，并对绿色投资之于生态文明建设的意义产生更深刻的认识和理解。思想层面的责任感提升能够推动试点机构系统开展投资的环境风险评估和环境效益分析，最终形成较为成熟的开展绿色投资管理的金融工具。可以借助平台推广绿色投资教育，包括开发投资项目环境评估方法、支持绿色投资数据库建设、为投资者提供绿色投资培训、建立信息共享机制等。

另外，可以将绿色投资者平台和消费者的需求平台相融合，借助平台为消费者提供企业和项目的环保信息，同时宣传绿色项目、绿色产品，提高消费者对绿色产品的认知度，促使消费者逐步向绿色消费过渡。还可以建立反馈模块，鼓励消费者监督、参与，运用社会公众舆论来谴责不环保的消费行为、支持环保的消费行为等，加强消费者对绿色消费理念的认可。

第四节 完善绿色金融发展的监管制度

从国际绿色金融发展情况看，绿色金融发展的监管制度并没有所谓的最佳监管制度体系，不同国家处在不同的绿色金融发展阶段，且不同国家的国情有所不同，因此完善绿色金融发展的监管制度需要以国家发展情况为背景，寻找最适合自身的绿色金融监管制度。

一、推动绿色金融发展的相关监管制度

中国绿色金融的发展还处于初期阶段，要推动绿色金融体系的改革和快速发展，就必须建立一套契合国情的绿色金融监管制度。

（一）有效发挥政府职能

绿色金融监管制度的建立必然需要政府机构的支持和推进。一方面，政府需要确保绿色金融系统的稳定发展，发挥自身协调职能，引导绿色金融向正确的方向和目标发展，同时保证整个金融系统的稳定和健康发展；另一方面，政府发挥职能必须从引导和协调方面入手，避免过多干预，以增强绿色金融的市场活力。

（二）建立独立的绿色金融监管机构

绿色金融的健康快速发展离不开独立的监管机构对整个绿色金融市场的监督和管理，这是完善绿色金融监管制度过程中非常重要的一项任务。

独立的监管机构需要拥有四类特性，即独立管理、独立监督职能独立机构和独立财务功能。以上四类特性决定独立的绿色金融监管机构需要拥有基于现有法律框架内较为完善的规范制度，同时拥有足够的自主能力来开展各类管理活动。

相对而言，规范制度的建立在中国较容易实现，难点则在于给予独立的绿色金融机构较高的自主监管职能，包括政府开放授权、机构监督、制裁对应不

符合规定的企业行为或项目、对环境风险进行危机管理等。这就需要政府明确权责分配，确保监管机构能够从社会和环境利益出发，明确自身的监管目标和监管职权，对绿色金融市场中的各类业务实施有的放矢的监管。另外，独立财务的实现能够确保整个监管机构避免受到各方控制，从而实现自身的监管独立特性，更有效地推动绿色金融向目标快速发展。

（三）建立完善且有效的法律及司法系统

绿色金融业务不仅具备普通金融业务的信用风险、流动风险、操作风险、市场风险，还具备普通金融业务并不具备的法律风险和政治风险。基于此，完善的绿色金融监管体系的建立就需要有效地法律和司法系统进行支撑。

现今对金融业的监管主要由三个部委负责：中国人民银行、银保监会和证监会。随着绿色金融产业的发展，混合产业经营金融运作模式已经开始发展，针对快速增长的绿色金融产业，监管部委需要建立高效沟通和信息共享的长效机制，并对应出台相关产业的监督管理法律，比如，针对绿色保险业可在《中华人民共和国保险法》中设立专章规定监管规范，针对绿色证券业可在《中华人民共和国证券法》中设立专章规定监管规范，结合已颁布的《中华人民共和国银行业监督管理法》中对银行信贷业的监管规范，建构起完善的法律监管制度。

（四）建立有效的信息披露制度

强化和完善绿色金融监管体系，就必须建立有效的信息披露制度，以此来避免违规行为的出现，推动整个绿色产业健康发展。中国的信息披露体系并不健全，整个金融市场中有效进行环境信息披露的企业占比依旧较低。[1]

下一步需要完善的是整个市场体系中各大中小企业逐步实施强制性环境信息披露和自愿信息披露结合的制度，这一方面可以引发整个社会对绿色金融发展的重视，另一方面有利于培养企业绿色发展的理念和绿色生产的理念，同时推动消费市场形成绿色消费的意识，促进经济发展和环境保护的协调。[2]

二、绿色金融监管制度发展路径探析

随着金融体系的发展，国际上的金融监管模式逐步形成了三种分类方式，这些监管模式随着金融产业结构的调整和发展而创新和完善，绿色金融体系的

---

[1] 姚圣、张志鹏：《重污染行业环境信息强制性披露规范研究》，《中国矿业大学学报（社会科学版）》2021年第3期。
[2] 刘尧.《我国绿色金融发展机制及路径创新研究》，硕士学位论文，云南财经大学,2020。

发展推动着金融监管制度的快速发展,也呼唤着新的监管制度的诞生。

(一)现有三种分类的金融监管体制

第一,分业监管体制。即以金融业务为分类标准,不同监管机构针对不同业务,协调配合,共同对金融体系进行监管。中国金融监管体制就是这种模式。

第二,统一监管体制。即整个国家设立一个统一的金融监管机构,对所有金融相关的内容进行监管,包括金融机构、金融市场、金融业务等各个方面。英国、日本等金融监管体制就是这种模式。

第三,不完全集中式监管体制。其又分为牵头式监管体制和双峰式监管体制两种。牵头式监管体制就是在分业监管体制基础上设置一个统一协调各监管机构的综合型机构,主要协调不同监管部门的关系和工作;双峰式监管体制则是根据具体目标来设置双峰监管机构,其中一方对金融机构和金融市场进行监管,另一方对金融机构进行规范管理,同时保护消费者利益。

(二)优势监管模式分析

国际上比较公认的优势监管模式的评价体系必须同时具备四个方面的特征:一是具有监管实践能力,即能够实现监督、监管、强制执行、联合、批准等功能,直接针对金融实践进行监管;二是具有可调整的管理体系,即拥有足够的自由,能够针对不同的目标进行不同的监管和问责;三是具有完善的金融诚信体系,可以通过金融诚信评价和监督管理,惩戒经济犯罪,实现对消费者权益的保护;四是具有审慎的监管框架,同时整个监管体系独立。

根据上述特征来分析,双峰式金融监管模式是三大类监管体制中较优的监管模式,能够实现有效的监管实践并拥有更加审慎的监管框架。这种监管模式具有六大优点:一是拥有两个监管目标明确的分工性监管机构,监管的责任界定非常准确;二是分工明确的监管机构在问责过程中能够明晰地划分责任,避免权责纷争;三是两方监管机构是相互制约、彼此平等合作的状态,并不存在上下级和管理被管理的关系;四是当两方监管机构产生矛盾和冲突时,能够直接独立于机构外寻找第三方进行解决;五是整个金融体系的监管权力不会完全集中于一方,避免了权责过重的现象和问题;六是两方机构在执行监管权责的同时会进行相互监督,因此信用风险产生的概率会更低。

(三)中国绿色金融监管体制的完善路径

从中国金融市场模式和现状来分析,可以在现今分业监管体制的基础之上运用双峰监管模式,这样不仅能够提高机构对绿色金融市场的监管效率,还能够缓解或避免绿色金融产业与其他产业监管模式的冲突。具体可以从以下几个方面进行完善和强化。

首先，加强对绿色金融监管机制的重视。绿色金融属于新兴的经济发展模式，多数中国金融机构对绿色金融的风险控制、经营方案、审核机制、实施途径、方案计划的研究和审批等认识和经验都处于初期阶段，同时人才缺失的问题和绿色金融业务机构的缺失使绿色金融的业务发展模式较为单一和简单。在这样的背景下，中国政府需要加强对绿色金融监管的重视，从政策层面提高金融机构对绿色金融的认识和了解，并彼此协同及早制定绿色金融相关的各种规范和标准，为建立完善的绿色金融监管体系打下基础。

其次，在分业监管机制的基础之上，建立一个自由且独立的绿色金融监管部门。这需要政府从政策和制度角度入手，完善独立的绿色金融监管部门建立的基础支撑，包括独立部门的参与机构、职责范畴、规范制度、标准体系、完善计划等。[①]

再次，加快绿色金融产业相关制度的建设：一是明确政府在绿色金融产业发展中的具体职能，减少对绿色金融市场的干预，以市场化模式激发绿色金融产业的发展潜能；二是强化和完善绿色金融监管体系，确保监管的有效性，保证监管机构能够对绿色金融市场进行尽责的审慎监管；三是规范绿色金融的发展政策，完善相关法律法规，确保绿色金融监管机制能够有法可依；四是建立一套统一的绿色交易信息沟通机制，保障信息的公开公正，创造一个良好的绿色金融市场环境。

最后，完善绿色金融发展的创新机制。

一是加强绿色金融产品和服务的创新，可以由政府引导金融机构和社会资本加大对绿色金融产品和服务的开发投入。比如，健全绿色保险的险种涉猎。如今，中国绿色保险主要涉及的是环境污染责任险、巨灾保险和农业保险，其他绿色产业方面的险种非常缺乏。国际上的绿色建筑保险产品有两类，即绿色建筑财产保险（以绿色建筑资产本身及附属设施和材料为标的）和绿色建筑职业责任保险（以绿色建筑专业人员的职业责任风险为标的）。2019年4月，人保财险曾经以北京朝阳区的某建筑升级改造项目为试点引入绿色建筑保险；2020年4月，中国建筑节能协会发布了绿色建筑质量性能保险试点方案。但整体而言还处于摸索阶段，相信随着不断地完善，绿色建筑保险产品和服务的种

[①] 李永平、王中和：《我国绿色金融运行机制建设：现状、问题与对策》，《浙江金融》2019年第8期。

类会越来越丰富。

二是以政策为导向推动金融机构在绿色金融产品和服务方面的实践创新。一方面是金融机构在绿色金融业务方面的创新，中国金融机构的主要绿色金融业务更偏重绿色信贷，但在其他业务方面创新力度不足，仍需要政策的推动和金融机构的助力[1]；另一方面是金融机构在环境风险管理方面的创新，金融机构可以加强绿色金融业务的信息透明度，从整体上降低绿色金融的风险，同时可以将环境风险纳入金融机构的业绩考核体系，从金融机构层面建立完善的环境风险管理措施。在此过程中，金融机构和政府要密切合作，及时发布社会环境相关惩戒政策，以解决环境风险较高的问题。

三是发挥互联网科技的优势，实现绿色金融的科技创新。比如，可以在绿色金融体系中引入大数据、云计算等高新科技，实现"互联网+绿色金融"的模式创新，降低绿色金融的发展成本，充分发挥互联网技术的便利性和公开透明性；也可以将区块链技术引入绿色金融体系，创新"区块链+绿色金融"的模式，运用区块链和大数据特性实现对绿色项目资金动向的监测，降低绿色金融的环境风险。[2]

---

[1] 曹倩：《我国绿色金融体系创新路径探析》，《金融发展研究》2019年第3期。
[2] 刘尧：《我国绿色金融发展机制及路径创新研究》，硕士学位论文，云南财经大学，2020，第57页。

参考文献

[1] 郭士华.我国绿色金融体系运行机制构建与制度安排研究[M].南昌：江西高校出版社,2019.

[2] 牛淑珍,齐安甜.绿色金融[M].上海：上海远东出版社,2019.

[3] 蔡森.我国绿色金融创新发展策略研究[M].北京：九州出版社,2018.

[4] 王波.我国绿色金融发展的长效机制研究[M].北京：企业管理出版社,2019.

[5] 绿色金融工作小组.构建中国绿色金融体系[M].北京：中国金融出版社,2017.

[6] 李传轩.生态文明视野下绿色金融法律制度研究[M].北京：知识产权出版社,2019.

[7] 马骏,周秋月,殷红.国际绿色金融发展与案例研究[M].北京：中国金融出版社,2017.

[8] 中国人民大学重阳金融研究院,中国人民大学生态金融研究中心.人大重阳智库作品系列 绿色金融丛书 绿色金融与"一带一路"[M].北京：中国金融出版社,2017.

[9] 兴业银行绿色金融编写组.寓义于利 商业银行绿色金融探索与实践[M].北京：中国金融出版社,2018.

[10] 马骏,周月秋,殷虹.中国绿色金融发展与案例研究[M].北京：中国金融出版社,2016.

[11] 武昊.绿色信贷推动产业结构调整的效应研究[D].昆明：云南财经大学,2021.

[12] 贾子东.我国绿色债券发行的法律制度研究[D].北京：北京外国语大学,2021.

[13] 严然.我国绿色金融发展支持产业结构转型升级效应的计量研究[D].南昌：江西财经大学,2021.

[14] 卢利.绿色金融对我国绿色技术创新的影响研究[D].重庆：重庆工商大学,2021.

[15] 孙嘉玮.绿色债券促进新能源汽车产业发展分析[D].保定：河北金融学院,2021.

[16] 赵晴.绿色债券环境信息披露的影响因素研究[D].哈尔滨：东北林业大学,2021.

[17] 王殿武.绿色信贷对绿色低碳技术进步的经济效应研究[D].长春：吉林大

学 ,2020.
[18] 张芳 . 中国绿色产业发展的路径选择与制度创新研究 [D]. 长春：吉林大学 ,2020.
[19] 郑立纯 . 中国绿色金融政策的质量与效应评价 [D]. 长春吉林大学 ,2020.
[20] 张晓涵 . 绿色金融促进东西部地区经济发展同异性研究 [D]. 上海：上海财经大学 ,2020.
[21] 刘晓威 . 绿色金融业务对我国商业银行绩效的影响研究 [D]. 上海：上海财经大学 ,2020.
[22] 尹雅静 . 绿色金融的商业可持续性问题研究 [D]. 广州：暨南大学 ,2020.
[23] 户琳琳 . 绿色投资基金绩效评价研究 [D]. 北京：北京交通大学 ,2020.
[24] 王若冰 . 绿色金融助力"一带一路"建设研究 [D]. 北京：北京外国语大学 ,2020.
[25] 何鹏 . 绿色金融对中部地区产业结构升级的影响研究 [D]. 郑州：郑州大学 ,2020.
[26] 蔡才培 . 绿色金融对促进产业结构优化的机制研究 [D]. 南昌：江西财经大学 ,2020.
[27] 管毓洁 . 绿色金融对我国区域生态效率的影响研究 [D]. 济南：山东大学 ,2020.
[28] 刘尧 . 我国绿色金融发展机制及路径创新研究 [D]. 昆明：云南财经大学 ,2020.
[29] 吴培 . 绿色金融政策对绿色企业投资行为的影响研究 [D]. 重庆：重庆工商大学 ,2020.
[30] 陈慧莹 . 绿色金融发展对产业结构调整影响的空间效应研究 [D]. 徐州：中国矿业大学 ,2020.
[31] 王蕊 . 绿色信贷的经济效益与环境效益研究 [D]. 武汉：华中师范大学 ,2020.
[32] 付思琦 . 绿色金融对区域绿色经济发展的影响研究 [D]. 南昌：江西师范大学 ,2020.
[33] 刘荣嫣 . 绿色金融对可再生能源投资效率的影响研究 [D]. 徐州：中国矿业大学 ,2020.
[34] 白羽洁 . 绿色金融发展及其经济环境影响分析 [D]. 北京：中国社会科学院研究生院 ,2020.
[35] 缪珊珊 . 绿色金融背景下清洁能源产业投资效益与综合效率评价研究 [D]. 成都 . 西华大学 ,2020.
[36] 杨晓璐 . 绿色金融对产业结构升级的影响效应分析 [D]. 西安：西安电子科技大学 ,2020.
[37] 杨瑞 . 绿色金融支持节能环保产业影响因素研究 [D]. 郑州：河南财经政法大学 ,2020.

[38] 秦芳菊. 绿色金融的法律规制研究 [D]. 长春：吉林大学,2020.

[39] 朱四荣. 绿色金融对经济发展的影响研究 [D]. 南昌：江西财经大学,2019.

[40] 束兰根. 以绿色金融促绿色技术产业化 [J]. 群众,2020(10):25-26.

[41] 谢香玲. 绿色金融发展提速 [J]. 中国信用卡,2021(8):36-39.

[42] 王柯鉴. 国内外绿色金融研究综述 [J]. 合作经济与科技,2021(16):54-57.

[43] 王明浩,赵娟霞,金芊芊. 生态文明视阈下我国商业银行实施绿色信贷绩效研究 [J]. 价格理论与实践,2021(6):115-118.

[44] 刘新,陶春晖,彭欢. 中国绿色金融发展对产业转型升级的影响研究 [J]. 重庆理工大学学报 (社会科学),2021(7):53-65.

[45] 葛璇. 绿色金融对区域经济绿色发展的驱动作用分析 [J]. 湖北开放职业学院学报,2021(14):103-104.

[46] 徐守本. 抓实绿色金融发展的关键点 [J]. 现代金融导刊,2021(7):3-4.

[47] 王宁. 绿色金融发展问题及其对策 [J]. 现代金融导刊,2021(7):5-8.

[48] 郭爽. 我国绿色金融发展问题研究 [J]. 长春金融高等专科学校学报,2021(4):55-59.

[49] 杨钧. 地方绿色金融发展探索 [J]. 中国金融,2021(12):103.

[50] 周韩梅,黎涛瑞. 绿色金融、产业结构升级与区域经济高质量发展 [J]. 当代金融研究,2021(Z2):37-49.

[51] 南通市农村金融学会课题组,曹佳玲. 创新驱动下商业银行绿色金融发展路径分析 [J]. 现代金融,2021(6):41-45.

[52] 韩冬萌. 绿色金融科技：碳达峰碳中和助推器 [J]. 金融博览,2021(6):54-55.

[53] 李建涛,梅德文. 绿色金融市场体系：理论依据、现状和要素扩展 [J]. 金融论坛,2021(6):17-26, 38.

[54] 王馨,王营. 绿色信贷政策增进绿色创新研究 [J]. 管理世界,2021(6):173-188, 11.

[55] 李瑾,梁玉. 绿色保险的国际经验及借鉴 [J]. 中国市场,2021(16):1-3.

[56] 蓝虹,张奔,韩孟甫. 绿色金融是推动碳中和技术市场化的有效保障 [J]. 审计观察,2021(6):27-31.

[57] 施懿宸,朱彦幸娃,任玉洁. 绿色金融助力农业农村减排固碳的路径与对策 [J]. 金融纵横,2021(5):17-22.

[58] 刘社芳,种高雅. 我国绿色金融改革创新试验区实践进展及启示 [J]. 西部金融,2021(5):64-66, 78.

[59] 张淑丽,李晓峰.绿色金融供应链管理在环境管理中的作用[J].环境工程,2021(5):283.

[60] 陆鸿远,周新苗.绿色金融发展对我国金融安全的作用研究[J].科技与管理,2021(3):73-86.

[61] 王遥,包婕,金蕾.绿色金融支持绿色低碳发展的作用与路径[J].金融纵横,2021(4):23-27.

[62] 徐世龙,杨霞.金融科技驱动绿色金融发展的机理与实践[J].黑龙江金融,2021(3):58-61.

[63] 李从欣,王晓元.绿色金融对环境污染的政策效应研究[J].河北环境工程学院学报,2021(2):1-5.

[64] 李志刚.深化提升绿色金融建设的实践与思考[J].杭州金融研修学院学报,2021(3):24-26.

[65] 王珏珂.我国绿色金融发展现状、问题与对策[J].企业科技与发展,2021(3):134-135,138.

[66] 马骏,孟海波,邵丹青,等.绿色金融、普惠金融与绿色农业发展[J].金融论坛,2021(3):3-8,20.

[67] 相一洲,王雪峰,陈立立.绿色金融评级评估标准现状及体系框架构建研究[J].标准科学,2021(2):62-65.

[68] 曹廷求,陈泊宇.绿色信贷、环境规制对绿色发展的影响研究[J].山东商业职业技术学院学报,2021(1):1-11,104.

[69] 周亮,吴艳媚.我国绿色金融发展的现状与建议[J].天津商业大学学报,2021(1):39-46.

[70] 邵学峰,方天舒.区域绿色金融与产业结构的耦合协调度分析——基于新制度经济学的视角[J].工业技术经济,2021(1):120-127.

[71] 胡梦达,郑浩然.绿色金融风险评价指标体系构建与治理对策[J].统计与决策,2020(24):129-132.

[72] 何茜.绿色金融的起源、发展和全球实践[J].西南大学学报(社会科学版),2021(1):83-94,226.

[73] 孟丽君,王欢.我国绿色金融体系创新路径探究[J].淮南职业技术学院学报,2020(6):121-122.

[74] 林秀凤.绿色金融支持绿色建筑发展的现状及展望[J].住宅与房地产,2020(35):67-70.

[75] 陈婉.绿色金融多领域实现新突破[J].环境经济,2020(23):16–23.

[76] 陈婉.绿色债券发行规模再创历史新高[J].环境经济,2020(23):24–27.

[77] 孙乃岩.我国绿色金融发展的环境效应及制度保障研究——评《绿色发展与绿色金融——理论、政策与案例》[J].生态经济,2020(12):230–231.

[78] 盛春光,赵晴,陈丽荣.我国绿色债券环境信息披露水平及其影响因素分析[J].林业经济,2020(9):27–35.

[79] 董晓红,年维.中国绿色金融发展对区域经济支持水平空间关联研究[J].工业技术经济,2020(12):62–69.

[80] 梅潇雨.我国绿色金融发展的实践与制度创新探索[J].全国流通经济,2020(33):141–143.

[81] 谭林,张琨.绿色金融对绿色建筑的支持模式和建议[J].中国银行业,2020(11):88–91.

[82] 李晓红.论绿色金融助推环保产业发展的路径[J].农业经济,2020(11):117–119.

[83] 樊江伟,张泽.绿色金融支持中小企业发展研究现状及对策建议[J].中国集体经济,2020(32):13–14.

[84] 邱兆祥,刘永元.以绿色金融推动生态文明建设[J].理论探索,2020(6):83–89.

[85] 钱晓东.绿色金融助推"一带一路"可持续发展研究[J].河北金融,2020(10):14–17.

[86] 孙颖.绿色金融促进产业转型研究[J].中国产经,2020(18):43–44.

[87] 王波,岳思佳.我国绿色金融激励约束保障机制研究[J].西南金融,2020(10):79–87.

[88] 吴志远.我国绿色金融研究现状评析与展望[J].湖南社会科学,2020(5):58–63.

[89] 王国庆,赵丹丹.绿色金融支撑循环经济发展思考[J].合作经济与科技,2020(17):62–63.

[90] 王语然,校磊.我国绿色金融产品创新探究[J].市场周刊,2020(9):143–144.

[91] 梁必文,田远佑.绿色金融与绿色产业的融合发展[J].中国金融,2020(15):102.

[92] 阎一萌,李滢芸."一带一路"倡议下我国绿色金融体系构建与路径研究——以兴业银行为例[J].市场周刊,2020(7):137–138.

[93] 邱晔,张嫚,朱磊,等.绿色金融发展对创新绩效的影响研究——基于被投入主体的视角[J].北方金融,2020(6):9–16.

[94] 唐海霞.发展绿色金融与叠加风险防范的研究[J].商业经济,2020(6):181–182.

[95] 孙天印.可持续金融和气候风险分析[J].金融纵横,2020(05):24–31.

[96] 王德华,骆祖春.搭建绿色金融市场的多元支撑体系[J].群众,2020(10):23–24.